Für alle, die im entscheidenden Moment sagen:
»Hier stehe ich! Ich kann nicht anders.«

gutes leben
bene!

FABIAN VOGT

Hier stehe ich, ich kann nicht anders – 25 Menschen, die die Welt verändern

25 x Hier stehe ich …

… für Glaubensfreiheit

… für Bürgerrechte

… für Widerstand gegen den Faschismus

… für Selbstbestimmung

… für Gleichberechtigung

»Es könnte sehr wohl sein,
dass die Rettung unserer Welt
in den Händen der Nicht-Angepassten liegt.«[1]

Martin Luther King

Vorwort

Es gibt Menschen, die verändern die Welt. Wie der Augustinermönch Martin Luther, der vor 500 Jahren beim Reichstag in Worms seine kirchenkritischen Thesen widerrufen soll – und einfach »Nein« sagt. Obwohl er weiß, dass er damit sein Leben aufs Spiel setzt. Sinngemäß klang das so: »Nein! Mein Gewissen, mein Verstand und mein Verständnis der Heiligen Schrift verbieten es mir, etwas zu tun, das ich für grundfalsch halte.« Oder um es mit seinen (vermutlich) eigenen, berühmt gewordenen Worten auszudrücken: »Hier stehe ich! Ich kann nicht anders.« Manchmal braucht es nicht mehr als ein überzeugtes »Nein«, um die Welt, wie wir sie kennen, aus den Angeln zu heben.

Luthers standhafter Moment der Zivilcourage entpuppt sich nämlich schon bald als »Sternstunde der Menschheit«. Warum? Weil der aufmüpfige Reformator mit seiner Widerrufsverweigerung Ideen hoffähig macht, die viele Historiker für wesentliche Auslöser der Neuzeit halten: Jede und jeder hat das Recht auf eine eigene Meinung, Argumente sind wichtiger als Machtstrukturen, und die Institution Kirche besitzt kein Wahrheitsmonopol – lauter revolutionäre Vorstellungen, die wichtige Bestandteile des Fundaments sind, auf dem unsere moderne, demokratische Gesellschaft steht. Das unerschrockene Handeln eines Einzelnen, der nicht mehr bereit ist, bestimmte zerstörerische Strukturen auszuhalten oder schweigend zu akzeptieren, wird zum Auslöser einer Entwicklung, die die Lebensbedingungen vieler nachhaltig verbessert: Das ist und bleibt eindrucksvoll!

»Hier stehe ich! Ich kann nicht anders.« Dieser Leitsatz Luthers gilt vermutlich für alle, die sich irgendwann gegen Ungerechtigkeit und menschenverachtendes Verhalten wenden – und die ihren Traum von einer heileren Welt dagegensetzen. Zum Glück sind in der Geschichte immer wieder Frauen und Männer zur rechten Zeit am rechten Ort aufgestanden, um der Öffentlichkeit deutlich zu machen: »Achtung! So geht es nicht weiter. Irgendetwas läuft hier fundamental schief. Lasst uns gemeinsam neue Wege suchen.«

Dieses Buch macht sich auf eine unterhaltsame Spurensuche: Weltveränderer – was sind das eigentlich für Menschen? Was treibt sie an? Woran glauben sie? Woher nehmen sie ihre Energie? Und wie geraten sie ins Zentrum der Aufmerksamkeit? Vor allem aber: Können wir uns von ihren Idealen und Taten für unser eigenes Handeln inspirieren lassen? Schließlich braucht es auch heute Persönlichkeiten, die den Mut aufbringen, »dem Rad in die Speichen zu greifen«, wie der Theologe Dietrich Bonhoeffer bildhaft formuliert hat. Also Menschen, die nicht bereit sind, den Lauf der Welt einfach hinzunehmen, sondern Hass und strukturelle Gewalt, die in jedem System entstehen können, offen benennen und überwinden wollen.

Dabei sollten wir realistisch eingestehen, dass solche Träumer und Visionäre für die Gesellschaft zu allen Zeiten eine massive Anfechtung waren. Natürlich! Weil sie lieb gewordene Gewohnheiten hinterfragen, fest verankerte Traditionen und Werte überwinden möchten – und weil sie Finger in Wunden legen, die viele einfach nicht wahrhaben wollen. Deshalb werden Weltveränderer gerne als Spinnerinnen und Spinner betrachtet, als Störenfriede, die am Rand der Konventionen agieren, als unangepasste Sonderlinge und Abweichler, die den bisherigen Status quo unverschämt infrage stellen – und dadurch etwas Umstürzlerisches mit sich bringen.

Die in diesem Buch vorgestellten Personen waren und sind alle hochumstritten – oftmals sogar verhasst. Zumindest bei den Machthabern. Sie alle wurden beschimpft, verleumdet, angegriffen, diskreditiert und meist auch physisch bedroht. Sie mussten hart für ihre Ideale kämpfen und erlebten die »Shitstorms« ihrer jeweiligen Epochen hautnah.

Insofern kann man schon vorab festhalten: Die Verbesserung der Gesellschaft ist kein Zuckerschlecken! Und wenn wir einander im 21. Jahrhundert die vermeintlichen Heldengeschichten solcher Weltveränderer erzählen, dann gehört dazu die zeitlose Erkenntnis: Fast alle haben für ihren Einsatz einen hohen Preis bezahlt.

Das Erstaunliche ist, dass sie trotzdem weitergemacht haben. Dass sie trotzdem weitermachen. Unbeirrt. Und unermüdlich. Vermutlich, weil sie spüren: »Die Ziele, für die ich stehe, sind es wert.« Vielleicht könnte man es auch so formulieren: Weil ihr Traum größer ist als ihre Angst, ihre Hoffnung kraftvoller als die Sorge um das eigene Wohlergehen und ihre Sehnsucht treibender als jede Bequemlichkeit, lassen sich Weltveränderer vom Gegenwind nicht so leicht aus der Bahn werfen. Das könnte damit zu tun haben, dass ein Mensch die Gesellschaft ohnehin nur verändern kann, wenn er an etwas glaubt, das größer ist als die eigene Person.

Dazu passt auch: Die meisten der hier vorgestellten Menschen waren weder Politiker noch Vertreter großer Institutionen. Jedenfalls nicht zu Beginn ihres Einsatzes für eine bessere Welt. In den meisten Fällen geraten Leute wie Sie und ich in eine Situation, in einen »Luther-Moment«, in dem sie erkennen: »Jetzt muss ich Stellung beziehen.« Und weil sie das auf markante und anschauliche Weise machen, werden ihre Zeitgenossen auf ihre Bestrebungen aufmerksam. So entstehen aus Einzeltaten Bewegungen, und die wiederum entwickeln das Potenzial, bestehende Verhältnisse umzukrempeln.

Die Tatsache, dass es oftmals normale Individuen waren (und sind), die ihrem Unbehagen Ausdruck verleihen, erklärt auch, warum sich diese im weiteren Verlauf ihres Lebens vielfach weder als Superheldinnen noch in sonstiger Weise als perfekt erwiesen. Im Gegenteil. Die hier präsentierten »Aufrührerinnen und Aufrührer« hatten alle ihre Schwachstellen: Martin Luther (Seite 18) veröffentlicht im Alter Schriften, die aus heutiger Sicht eindeutig antisemitische Züge tragen, Martin Luther King (Seite 50) nimmt es mit der ehelichen Treue nicht so genau, und Mutter Teresa (Seite 152) erweist sich nach ihrem Tod als große Glaubenszweiflerin. Kurz: Es menschelt überall.

Na und? Persönliche Charakterschwächen mindern die Leistung der Idealisten doch nicht. In keinster Weise. Derartige Ecken und Kanten stören höchstens unser Verlangen nach makellosen Vorbildern – aber ein Vorbild wollten diese Frauen und Männer ursprünglich ja gar nicht sein. Es ging ihnen nicht um Reputation. Sie wollten die Welt verändern, nicht als Heilige verehrt werden. Dass sie sich als unvollkommen erweisen, mag uns stören – es könnte aber auch beruhigen. Denn die Feststellung, dass die »Leuchten« der Geschichte wie alle Menschen ihre Schattenseiten haben, untermauert die Vermutung, dass nicht nur Ausnahmepersönlichkeiten das Zeug mitbringen, Großes zu bewegen, sondern dass jede und jeder von uns die Welt verändern kann. Weil es dazu nicht eines perfekten Charakters oder einer vollendeten Ethik, sondern »nur« einer Vision bedarf.

Und wer sich das vor Augen führt, der ahnt auch: Es ist nicht so, dass große Persönlichkeiten große Visionen erschaffen – große Visionen erschaffen große Persönlichkeiten. Wie das funktionieren kann: Dem will dieses Buch nachspüren.

Was Weltveränderer von Populisten unterscheidet

Bevor wir uns die Porträts von 25 »Wandlungsreisenden« anschauen, braucht es noch eine entscheidende Differenzierung: Es ist nämlich nicht so, dass jeder, der sich irgendwo hinstellt und öffentlichkeitswirksam ruft »Ich will die Gesellschaft verbessern« oder »Das wird man doch noch sagen dürfen« oder »Ich allein weiß, wie das Elend überwunden werden kann«, das Herz eines Weltverbesserers in sich trägt. Dies gilt gerade in einer Zeit, in der der Aufruf zum Haltung-Zeigen auch von zahllosen extremistischen Gruppierungen kommt.

Darum ist es wichtig, kurz zu betrachten, wie man echte Zivilcourage von Besserwissertum unterscheiden kann, um eben nicht in die Falle des »Wutbürgertums«, der ewigen Protestierer oder anderer radikaler Richtungen zu geraten, die ja auch alle eine grundlegende Erneuerung der Gesellschaft verkünden. Schauen wir uns das mal an!

1. Idealismus

Echte Weltveränderer träumen Menschheitsträume – und die sind immer inklusiv und niemals exklusiv. Das heißt: Sie gelten für alle Menschen, nicht nur für einzelne Individuen oder Gruppierungen. Natürlich machen sich solche Träume in der Praxis meist an realen Gegebenheiten fest, aber Nelson Mandela (Seite 58) etwa hatte, als er Präsident wurde, nicht das Ziel, dass die schwarze Bevölkerung Südafrikas zukünftig mehr Rechte bekommt als die weiße. Er wollte eine Gesellschaft, in der endlich alle Kulturen die gleichen Rechte haben. Und Greta Thunberg (Seite 190) will die Umwelt nicht nur für eine kleine Gruppe, sondern für alle Menschen vor der Zerstörung bewahren. Idealisten haben ein Ideal vor Augen, das jeder und jedem gleichermaßen zugutekommt. Das ist ein Grundbeleg ihrer Größe. Deshalb können Anhänger von Strömungen, in denen Menschen aufgrund ihrer Rasse, ihres Glaubens, ihrer Herkunft oder ihres Geschlechts diskriminiert werden, niemals den Anspruch erheben, sie stünden für nachhaltige Weltveränderung.

2. Hingabe

Echte Weltveränderer reden nicht nur, sie handeln auch. Sie versuchen, ihre Ideale in die Tat umzusetzen. Ja, ihre Hingabe an ihre Überzeugungen ist derart intensiv, dass sie gar nicht anders können, als diese auch selbst zu leben – oftmals in exemplarischem Handeln, das für die meisten Augenzeugen wesentlich überzeugender ist als große Worte. Elisabeth von Thüringen (Seite 136) war über die Not der Menschen so empört, dass sie die Schätze ihrer Adelsfamilie verteilte und ein Armenhospital gründete. Und Oskar Schindler (Seite 74) mokierte sich nicht nur im Stillen über die bösartige Gewaltherrschaft der Faschisten, er rettete Hunderten von jüdischen Gefangenen das Leben. Im Unterschied zu vielen sehr klugen, aber tatenlosen Systemkritikern und im Selbstmitleid versinkenden Nörglern können Idealisten nicht anders, als für ihre Ansichten geradezustehen. Sie bringen ihre Werte und ihr Leben in Einklang.

3. Risikobereitschaft

Echte Weltveränderer wissen, dass sie ein Risiko eingehen. Sie verlassen mit ihren Ansichten und ihrem Tun ihre persönliche Komfortzone und betreten bewusst Neuland, weil sie etwas initiieren wollen, das es bislang so nicht gibt. Dazu gehört meist auch eine intensive Auseinandersetzung mit den eigenen Ängsten. Denn natürlich ruft jede Erneuerung nicht nur Widerstände hervor, sie führt auch zu massiven Anfeindungen. Als Malala Yousafzai (Seite 114) sich für das Recht pakistanischer Mädchen auf Bildung engagierte, ahnte sie, dass die Taliban darauf mit Gewalt reagieren würden – was ja dann auch passierte. Und Edward Snowden (Seite 174) war sich von Anfang an bewusst, dass ihm viele amerikanische Nationalisten seine Enthüllungen über die zügellosen Machenschaften der US-Geheimdienste verübeln würden. Aber er war entschlossen, diesen Preis zu bezahlen. In diesem Sinne repräsentieren alle die hier vorgestellten Personen eine Geisteshaltung, die bereit ist, sich für die angestrebten Ziele und Ideale in Gefahr zu begeben.

4. Gewaltfreiheit

Echte Weltveränderer wollen ihre Ziele gewaltfrei erreichen. Weil es ihnen nicht darum geht, Menschen zu bedrohen oder gar zu vernichten, sondern darum, Strukturen zu verändern, die Gewalt in sich tragen. Darum weigern sich solche Menschen auch, ihre Gegner zu hassen. Sie wollen überzeugen statt verdammen und

Andersdenkende gewinnen, statt sie zu bekriegen – sei es durch zivilen Ungehorsam oder demonstrative Meinungsäußerungen. Deshalb ließ Christian Führer (Seite 90) bei den Montagsgebeten gegen das DDR-Regime Kerzen anzünden, und Mahatma Gandhi (Seite 98) trat in einen langen Hungerstreik, um die englische Besatzungsmacht in Indien zu besänftigen. All das taten sie in der Erkenntnis, dass Gewalt nur mit Liebe überwunden werden kann – weil jede Form von Gewalt immer nur neue Gewalt hervorruft. Entscheidend dabei ist, dass der Wille zur Gewaltlosigkeit keineswegs »Wehrlosigkeit« bedeutet. Er ist eine Einladung, regelmäßig passende Ausdrucksformen des gewaltfreien Widerstands zu entwickeln.

Diese Kriterien sind sicherlich ein Idealbild. Es ist nicht einmal gewiss, ob sich die hier präsentierten Weltveränderer jederzeit daran gehalten haben. Trotzdem zeigen die vier genannten Qualitätsmerkmale einen Wertekanon auf, den wir getrost als Basis jeder großen Erneuerungsbewegung betrachten sollten. Und sie waren auch die Grundlage für die Auswahl der Geschichten in diesem Buch, die versucht, einen repräsentativen Überblick zu geben, und natürlich dennoch zutiefst subjektiv ist.

Mir war es unter anderem wichtig zu zeigen, dass Frauen und Männer gleichermaßen das Potenzial in sich tragen, gesellschaftliche Missstände wahrzunehmen und zu überwinden. Deshalb ist die Auswahl, soweit machbar, nahezu paritätisch. Darüber hinaus spielte für die Zusammenstellung eine Rolle, dass die vorgestellten Persönlichkeiten für eine große Bandbreite an Idealen und Werten stehen: Glaubensfreiheit, Bürgerrechte, Widerstand gegen den Faschismus, Selbstbestimmung, Gleichberechtigung, soziale Gerechtigkeit, Wahrheit und die Zukunft unseres Planeten.

Ob und wie diese streitbaren Vorreiterinnen und Vorreiter dabei Vorbildcharakter haben, dürfen Sie entscheiden. Gewiss ist zumindest, dass sie alle Spuren hinterlassen haben. Spuren großer Visionen, die greifbar zu Veränderungen im Miteinander der Menschen geführt haben und führen. Veränderungen, die oftmals sogar jahrhundertealte Unterdrückungsmechanismen überwinden.

Natürlich brauchte es dazu neben einer Vision immer auch viele kleine praktische Schritte solidarischer Mitstreiterinnen und Mitstreiter. Zu deren Engagement wäre es aber möglicherweise nicht oder erst viel später gekommen, wenn nicht just diese eine Vorreiterin, dieser eine Vorreiter das Wort ergriffen und andere inspiriert hätte.

Schön wäre es, wenn uns die Auseinandersetzung mit den Geschichten der Weltveränderer zeigen würde, welche Herausforderungen in unserer Zeit angegangen werden müssen, was bei uns gerade den »Nerv der Zeit« trifft – und in welchen »Luther-Momenten« wir den Mut aufbringen sollten, laut zu sagen: »Hier stehe ich! Ich kann nicht anders.«

Martin LUTHER

1483–1546

Am 18. April 1521, einem Donnerstag, tritt der Wittenberger Theologe Martin Luther gegen Abend vor die Versammlung des Reichstags in Worms. In dem großen, mit Fackeln erleuchteten Saal sitzen neben dem erst 21 Jahre alten Kaiser Karl V. und den Reichsfürsten viele hochrangige Vertreter der Kirche. Johann von Eck, der Vorsitzende des Kirchengerichts und Leiter der Verhandlung, macht schnell deutlich, was er von dem Vorgeladenen erwartet: »Deine Bedenkzeit ist zu Ende. Sag uns: Bist du bereit, deine Schriften zu widerrufen?«

Luther weiß, was diese Frage bedeutet. Von der Kirche exkommuniziert wurde er schon. Wenn er jetzt nicht nachgibt, droht ihm auch noch die sogenannte Reichsacht, die einen Menschen für vogelfrei erklärt und jedem erlaubt, ihn ohne Strafe zu töten. Dabei ist der Reformator in der Hoffnung angereist, er könne auf dem Reichstag mit den Anwesenden ernsthaft über seine Kritik an der kirchlichen Praxis diskutieren. Von wegen!

Es ist Luthers zweite Verhandlung bei diesem Reichstag. Und schon bei der Anhörung am Vortag hatte von Eck deutlich gemacht, wie das Verfahren abläuft: »Du darfst hier nicht reden, sondern nur Fragen beantworten.« Dann hatte der Verhandlungsführer harsch auf einen Stapel mit Schriften gedeutet und gefragt: »Bekennst du dich zu diesen Büchern?« Luther hatte zwar auf Anraten seines Anwalts darauf bestanden, dass die Titel der Werke vorgelesen werden, damit er sichergehen kann, dass ihm nicht irgendetwas untergeschoben wird, fühlte sich aber von der ganzen Situation und dem Vorgehen von Ecks trotzdem überfahren und überfordert. Statt einer erhofften inhaltlichen Auseinandersetzung erlebte er die geballte Gewalt mittelalterlicher Machtstrukturen: *Widerrufe deine Ansichten – oder stelle dich öffentlich gegen Staat und Kirche.* Also bat der Reformator kleinlaut um Bedenkzeit.

Nachdem ihm diese vom Kaiser gewährt wurde, steht er jetzt, einen Tag später, erneut vor den Herrschenden, die ihm befohlen haben, er dürfe bei seinem zweiten Auftritt auf keinen Fall eine vorgefertigte Erklärung vorlesen, sondern müsse frei reden. Und das tut Martin Luther. Er hat die Zeit gut genutzt und sich in der Nacht sorgfältig überlegt, was er sagen möchte. *Nun, wenn die kirchlichen und weltlichen Fürsten nicht mit mir disputieren wollen,* so sein Ansatz, *dann muss ich sie eben dazu bringen.* Und das macht er auf rhetorisch brillante Weise.

Diesmal ist nämlich er es, der auf den Stapel seiner Schriften deutet und sinngemäß erklärt: »Ja, diese Bücher hier habe ich geschrieben.« Doch statt jetzt einfach die Frage zu beantworten, die von Eck ihm gestellt hat, beginnt er zu differenzieren: »Nun wollt ihr wissen, ob ich sie widerrufe? So einfach ist das leider nicht. Dazu muss ich erst mal sagen: Achtung! Das sind doch ganz unterschiedliche Bücher und Publikationen. Einige davon erklären den Glauben sehr grundsätzlich, und das meist übereinstimmend mit dem, was die Kirche seit Jahrhunderten lehrt – selbst meine Widersacher geben zu, dass darin viel Nützliches steht. Das heißt: Würde ich alle meine Veröffentlichungen pauschal widerrufen, dann würde ich auch die Wahrheit widerrufen.«

Indem Luther auf die Anteile seiner Werke hinweist, die mit der kirchlichen Autorität konform gehen, nimmt er den Anklägern schon mal einigen Wind aus den Segeln. In dieser Weise fährt er fort, wenn er als Nächstes seine Kritik an der Institution des Papstamts verteidigt und auf Tatsachen verweist, die selbst eingefleischte Anhänger Roms nicht übergehen können: »Daneben gibt es Schriften, die gegen das Papsttum gerichtet sind. Und niemand kann leugnen, dass einige der päpstlichen Gesetze die Gläubigen aufs Jämmerlichste gepeinigt haben.« Anschließend äußert er sich zu seinen Schriften gegen kirchliche Vertreter, die die kirchliche Lehre auf beinahe groteske Weise verzerrt haben: »Hier gibt es auch Schriften, die ich gegen bestimmte Gegner geschrieben habe. Und ja … ich gebe zu: Da war ich gelegentlich etwas heftig. Aber wenn solche Menschen nun mal grundfalsche Dinge schreiben, kann ich das doch nicht einfach stehen lassen.«

Und nun kommt der Clou dieser klugen Rede. Luther wendet sich nämlich dem zu, was ihm überhaupt erst diese Verhandlung eingebrockt hat: die Stellen in seinen Büchern, in denen er den kirchlichen Lehren offen widerspricht. Und diesen Widerspruch erkennt er an. Doch anstatt starrköpfig darauf zu beharren, zeigt er sich demütig: »Ich bin bestimmt nicht verstockt: Wenn ihr überzeugende Argumente und Beweise anbringt und mich des Irrtums überführt, dann werde ich der Erste sein, der meine Schriften ins Feuer wirft.«

Das ist großes Kino. Statt sich auf das rigide »Ja oder Nein«-Spiel der Obrigkeiten einzulassen, beharrt Luther auf einer inhaltlichen Auseinandersetzung. Weil Wahrheit nicht per Befehl verordnet, sondern nur im Dialog und durch Vernunft gefunden werden kann. In Worms beißt er damit allerdings auf Granit. Johann von Eck lässt sich auf solch eine Beweisführung nämlich gar nicht erst ein, sondern beruft sich darauf, dass die Heiligen Konzile schon längst gezeigt hätten, dass sich Luther irrt. Diskussion unerwünscht. Selbstbewusst stellt von Eck dem Aufrührer die Frage, ob er denn die Kompetenz der Konzile anzweifeln wolle?!

Nun ist das Verhör beim Wesentlichen angekommen. Was zählt? Institutionelle Autorität oder die persönliche Überzeugung? Denn natürlich will Luther die Kompetenz der Konzile infrage stellen, weil sie im Widerspruch zu der von ihm erkannten Wahrheit stehen. Darum mündet seine Erklärung in den berühmt gewordenen Worten: »Wenn ich nicht durch das Zeugnis der Heiligen Schrift oder durch gute Argumente überzeugt werde, dann bleibt mein Gewissen allein an Gottes Wort gebunden. Und darum kann und will ich nicht widerrufen. Hier stehe ich. Gott helfe mir. Amen!«

Für das Verhältnis von Obrigkeit (Staat und Kirche) und Individuum bedeutet dieser Auftritt einen historischen Paradigmenwechsel. Martin Luther lässt sich an diesem Tag vom herrschenden Machtapparat nicht mehr vorschreiben, was er zu tun, zu denken und zu sagen hat, sondern widersetzt sich. Als Einzelner stellt er sich gegen ein System, das sich selbst zur alleinigen Instanz in Sachen »wahr« und »unwahr« erklärt hat.

Wer ist dieser Mann, der es wagt, derart selbstbewusst die Kirche herauszufordern? Nun, der Wagemut des Reformators ist natürlich auch seiner Biografie geschuldet: Jahrzehntelang hatte der Mann erlebt, dass ihm die von kirchlichen Institutionen verkündete Wahrheit die Hölle auf Erden bereitete, indem sie ihm die Furcht vor der ewigen Verdammnis eintrichterte! Aus Angst, für Gott nicht gut genug zu sein, ist er ins Kloster eingetreten, aus Angst hat er versucht, dem Himmel alles recht zu machen, und aus Angst hat er täglich seine 14 privaten Schutzheiligen angerufen. Bis ihm ein Bibelvers aus dem Römerbrief die Augen öffnet: »Der Gerechte lebt aus dem Glauben!« Sprich: Es geht gar nicht darum, was ein Mensch tut, sondern darum, was er glaubt, um seine Herzenshaltung. Und: Gottes Liebe kann man sich gar nicht verdienen, die bekommt man geschenkt, einfach, wenn man sich ihr öffnet. Später schreibt er über diesen befreienden Moment: »Da fühlte ich mich ganz und gar wie neugeboren – und durchs offene Tor trat ich ins Paradies ein.«

Wenn es aber stimmt, dass Gott aufs Herz und nicht auf die Taten schaut, dann machte der berüchtigte Ablasshandel, der den Menschen im 16. Jahrhundert vorgaukelte, sie könnten die Folgen ihrer Fehler durch den Erwerb von Ablassbriefen mildern, überhaupt keinen Sinn. Und deshalb nagelt Luther nicht nur seine »95 Thesen wider den Ablass« an die Tür der Wittenberger Schlosskirche und schreibt ein Buch nach dem anderen, um den Menschen die »Freiheit eines Christenmenschen« neu vor Augen zu führen. Darum reist er, allen Gefahren zum Trotz, auch nach Worms zum Reichstag, weil er eben hofft, dort den höchsten Autoritäten seine Sicht darlegen zu können: »Selbst wenn in Worms so viele Teufel wie Ziegel auf den Dächern wären, würde ich trotzdem hinfahren.«

Als Luther den Saal des Reichstags verlässt, ruft er angeblich erleichtert: »Ich bin hindurch.« Doch seine Hoffnung, Kirche und Kaiser zu überzeugen, hat sich nicht erfüllt. Noch ganz im Denken seiner Zeit gefangen, erklärt der Kaiser wenig später: »Es ist gewiss, dass ein einziger Bruder irrt, dessen Meinung gegen die der gesamten Christenheit steht … und ich bereue, dass ich nicht früher gegen seine falsche Lehre vorgegangen bin.«

Hier allerdings irrt Karl V. Es passiert eben doch hin und wieder, dass eine Einzelne oder ein Einzelner eine Erkenntnis hat (oder zumindest neu ins Gespräch bringt), die – auch wenn alle Zeitgenossen anderer Meinung sind – wahr ist und die Kraft besitzt, die Gesellschaft zu erneuern. Jedenfalls entfaltet die Widerrufsverweigerung Luthers in Worms eine Sogwirkung, die nicht nur die Kirche reformiert.

Und weil er in seinem Streiten für einen mündigen Glauben auch findet, dass jede und jeder das Recht hat, das Neue Testament selbst zu lesen (vorher gab es fast nur Ausgaben auf Latein bzw. Griechisch, die ausschließlich von der Bildungselite gelesen werden konnten), übersetzt Luther es ins Deutsche, während er sich auf der Wartburg vor den Häschern des Kaisers versteckt. Übrigens sehr unwillig, weil er der Überzeugung ist: Die Wahrheit sollte man nicht verstecken. Und auch nicht diejenigen, die sie aussprechen wollen.

»Einen traurigen, verzagten Menschen fröhlich zu machen ist mehr, als ein Königreich zu erobern.«

Teresa von ÁVILA

TERESA DE CEPEDA
1515–1582

Wie Martin Luther tritt die spanische Karmeliternonne Teresa an, um in einem (nach ihrer Wahrnehmung) verkrusteten und müde gewordenen religiösen System die befreiende Kraft des Glaubens neu erfahrbar zu machen – und um zu zeigen, dass jeder Mensch die Möglichkeit hat, Gott ganz persönlich und unmittelbar zu begegnen. Anders als bei Luther ist der große Wendepunkt ihres Lebens aber keine öffentliche Anhörung, sondern eine nächtliche, halblegale Aktion: Am 24. August 1562 weiht Teresa in Ávila nämlich still und heimlich ein von ihr selbst gegründetes und äußerst umstrittenes Kloster ein, in dem sie fortan leben möchte und das sie dem heiligen Josef widmet. Einen speziellen Ort der Anbetung, der ganz anders sein soll als die Klöster, die sie bislang kennengelernt hat.

Natürlich hat dieser subversive Akt eine Vorgeschichte. Und die geht so: Doña Teresa de Cepeda y Ahumada stammt aus einer ursprünglich jüdischen Familie, die zwar zum Katholizismus konvertiert ist, im strengen Spanien aber ständig unter dem Verdacht steht, ihre Hinwendung zum Christentum nur vorzutäuschen und heimlich weiter die jüdischen Bräuche zu praktizieren. Die junge Adelige, die einen ausgeprägten Hang zu schönen Kleidern, edlen Parfüms und schicken Frisuren hat, sorgt sich nicht zuletzt aufgrund dieser Unterstellungen so sehr um ihr Seelenheil, dass daraus nach und nach eine ausgewachsene Angstpsychose wird. Deshalb tritt sie auch mit 20 Jahren in ein Kloster ein. Weniger aus Überzeugung denn aus Angst, sonst in alle Ewigkeit verdammt zu werden: »Lieber auf Erden leiden und in den Himmel kommen – als auf Erden feiern und dann in der Hölle landen.«

Bedauerlicherweise erweist sich ihr Kloster keineswegs als Hort der Einkehr, sondern eher als gehobenes Damenstift. Teresa hat in der großzügigen Anlage ein Zweizimmer-Apartment mit Dienerin, geht ein und aus, wann es ihr gefällt, und darf – entgegen der Ordensregel – auch ihren Besitz behalten. Vor allem aber erlebt sie den Luxus-Konvent mit seinen 190 Nonnen als völlig unspirituell. Nicht die Kontemplation, die aufrichtige Suche nach Gott, sondern die Suche nach einem möglichst angenehmen Leben treibt viele der Nonnen um. Grund dafür ist, dass die meisten von ihnen nur deswegen ins Kloster eingetreten sind, weil sie auf diese Weise nicht als alte Jungfern, sondern in einem ehrbaren Stand ihr Leben führen können.

Es sind nicht nur diese ungewöhnlichen Umstände, unter denen Teresa leidet. Es ist auch ihr Körper, der ihr zu schaffen macht. Sie wird krank. Und zwar richtig. Später erzählt sie, dass sie sich 20 Jahre lang jeden Tag mindestens einmal übergeben musste. Besonders dramatisch wird es, als eine Kur bei einer Wunderheilerin misslingt: Drei Tage lang ist sie daraufhin völlig gelähmt. Man hat bereits das Grab für sie ausgehoben, als endlich Besserung eintritt. Anschließend bleibt sie drei Jahre lang so gut wie bewegungsunfähig. In dieser Zeit liest sie viel und stößt dabei unter anderem auf ein Buch des Franziskaners Francisco de Osuna und seine Behauptung: »Beten ist keine Pflicht, sondern eine Freude.« Dieser kleine Satz wirft die aufgewühlte Karmeliterin völlig aus der Bahn und schenkt ihr das Thema ihres Lebens, nämlich die Freude am Beten. Sie selbst wird es später so ausdrücken: »Beten ist wie Reden mit einem Freund, bei dem wir oft und gerne verweilen, weil er uns liebt.«

Auf jeden Fall klingt das ganz anders als all das, was Teresa in ihrem Kloster beobachtet. Dort müssen nämlich jeden Tag bestimmte Pflichtgebete erfüllt werden, deren Inhalte strikt festgelegt sind und die nur wenig mit Freude zu tun haben. Montag: Sünde, Dienstag: Tod, Mittwoch: Hölle, Donnerstag: das Jüngste Gericht … und weitere ähnlich heitere Themen.

Und weil die Nonne in ihrem hektischen Adelskloster ohnehin keine Ruhe findet, um sich auf Gott zu konzentrieren, wird ihr klar, dass sie eine eigene Gemeinschaft braucht – einen Hort des Miteinanders, in dem der Glaube tatsächlich an erster Stelle steht. Die aufmüpfige Nonne träumt von einer neuen Form des geistlichen Zusammenlebens, die sich allein durch Almosen trägt, keine Standesunterschiede kennt und sich vollständig auf ihre geistlichen Aufgaben besinnt. Außerdem sollen in der von ihr erträumten Gemeinschaft maximal 13 Nonnen leben – eine Gruppengröße, die sich bei Jesus und seinen 12 Jüngern ja schon bewährt hat und verhindern soll, dass es überall wie in einem Taubenschlag zugeht.

Heimlich sucht sich Teresa Mitstreiterinnen und geht das Projekt konkret an. Sie kauft im Namen ihrer Schwester ein Haus in Ávila und hat das »Glück«, dass ihr Schwager krank wird. So kann sie nämlich jeden Tag unter dem Vorwand, einen nahen Verwandten pflegen zu müssen, heimlich das neu erworbene Gebäude renovieren. Bis es im Sommer 1562 endlich bereit ist, die ersehnte Kommunität aufzunehmen.

Doch so erfüllend das Leben in dem neuen Kloster auch ist: Teresa de Jesús, wie sie sich bald darauf nennt, muss von nun an erleben, was es bedeutet, wenn jemand ein bestehendes System infrage stellt. Denn natürlich ist ihre Neugründung eine deutliche Kritik an der bisherigen Praxis vieler Frauenklöster. Die nächsten Jahrzehnte kämpft die Visionärin daher durchgehend gegen Anfeindungen, Verleumdungen und Bedrohungen – obwohl der Karmeliterorden ihr aufgrund ihres wachsenden Erfolgs sogar gestattet, weitere Klöster zu gründen. Schließlich landet ihr Fall bei der Inquisition. Und auch wenn der Vatikan zu ihren Lebzeiten mehrfach versucht, ihre Gemeinschaft der sogenannten Unbeschuhten Karmelitinnen zu verbieten, muss Rom am Ende doch anerkennen, was Teresa leistet.

18 Klöster wird sie am Ende ihres Lebens gegründet haben. 1622 wird sie nicht nur heiliggesprochen, sondern erhält von Papst Paul VI. auch als erste Frau die Auszeichnung »Kirchenlehrerin«.

Zu diesem Ehrentitel beigetragen haben vor allem ihre klugen Schriften, in denen Teresa – meist in Landessprache – den Menschen Mut macht, die Kunst des Betens neu zu lernen und statt mit vorgefertigten Ritualversen persönlich mit Gott zu reden. Einmal schreibt sie sinngemäß: »Beten ist nicht der Lärm vieler Worte, sondern eine tiefe innere Sehnsucht nach Gott … nicht die Exerzitien der Jesuiten oder die Bußübungen der Erleuchteten, die sich selbst verlieren wollen, sind wahres Gebet. Ich will mich nämlich gar nicht verlieren. Ich will mich finden. Bei Gott.«

Um deutlich zu machen, wie sie dieses kontemplative Gebet versteht, wählt Teresa sehr anschauliche Bilder. Für sie ist Beten zum Beispiel so, als ginge ein Mensch mit Gott im »Garten seiner Seele spazieren«. Am bekanntesten wird jedoch ihr Vergleich der Seele mit einer »inneren Burg«: »In jedem Menschen gibt es eine Burg aus Kristall, in der Gott wohnt. Darum sollt ihr danach streben, mit diesem göttlichen Ursprung in euch wieder zu verschmelzen.« Wie dieser Reifungsprozess genau aussieht, beschreibt die Karmeliterin in einem fast modern anmutenden Sieben-Punkte-Plan, »in dem das Ich, das um sich selbst kreist, zu einem Menschen wird, der sich wieder mit dem Willen Gottes vereint«. Am Ende gilt: »Ich kreise nicht mehr um mich selbst und kann grenzenlos lieben.«

Teresas stark von der mittelalterlichen Mystik geprägte Spiritualität trifft den Nerv ihrer Zeit. Vor allem, weil sie – anders als damals üblich – emotional erlebt werden kann und weil sie ein neues Gottesbild beinhaltet: Gott als liebevoller Begleiter, dem ich mich voll und ganz anvertrauen darf.

Gelegentlich schleicht sich in Teresas Bilderwelt sogar eine sexuelle Konnotation ein. So schreibt sie an einer Stelle: »Ich sah einen Engel und in seinen Händen einen langen goldenen Pfeil. An der Spitze dieses Eisens schien ein wenig Feuer zu züngeln. Mir war, als würde es mir bis in die Eingeweide vordringen. Als er es herauszog, war mir, als würde er mich brennend vor Gottesliebe zurücklassen. Der Schmerz war so stark, dass er mich Klagen ausstoßen ließ, aber auch voll Zärtlichkeit.« Solche Texte bringen den Bildhauer Gian Lorenzo Bernini um 1650 dazu, seine Skulptur »Die Verzückung der heiligen Theresa« so anzulegen, dass sie als erste Darstellung eines weiblichen Orgasmus gilt.

Es ist nicht zuletzt die Fähigkeit Teresas zu starken Gefühlen, die ihr die Kraft schenkt, auch in herausfordernden Situationen nicht aufzugeben und verbissen an ihren Zielen festzuhalten – und so eine der ersten Frauen zu werden, die dem männlich dominierten System Kirche (das ja damals auch die Wissenschaft beherrscht) zeigt, welche Kraft Emotionen haben. Das kann sie deshalb, weil sie eine Stärke in sich spürt, vor der jede irdische Herausforderung verblasst und die sie in ihrem berühmtesten Text, »Nada te turbe«, einfühlsam beschreibt: »Nichts soll dich erschrecken, nichts soll dir Angst machen, denn wer Gott bei sich hat, dem fehlt nichts. Gott allein genügt.«

*»Sei gut zu deinem Körper,
damit deine Seele Lust hat,
darin zu wohnen.«*

*»Gott und ich – wir zusammen sind
immer die Mehrheit!«*

STEPHANUS

1–40

Stephanus, der erste Märtyrer der Christenheit (gerne auch mit dem charmanten Titel »Protomärtyrer« versehen), erlebt – wie Martin Luther – den folgenreichsten Moment seines Lebens im Angesicht eines Tribunals, einer Gerichtsverhandlung. Anhänger des Judentums, die sich über den Aufschwung der christlichen Gemeinde in Jerusalem ärgern, haben Zeugen bestochen und den frühen Christen beim obersten geistlichen Gericht der Stadt angezeigt: »Wir haben gehört, wie dieser Mann über Mose und Gott gelästert hat.« Puh! Für die jüdischen Richter ein Verbrechen, das die Todesstrafe verdient.

Jetzt steht er da. Vermutlich im Jahr 40, also rund zehn Jahre nach der Himmelfahrt Jesu. Und Stephanus ist in der Urgemeinde ein bedeutender Mann: Er gehört zu den Diakonen, die von den Aposteln – den Leitern der Gemeinde – eingesetzt wurden, damit es nicht, wie anfangs gelegentlich geschehen, zu Ungerechtigkeiten bei der täglichen Versorgung der Witwen kommt. Die Apostel, die der Überzeugung waren, sich nicht auch noch um die Verteilung von Essensrationen kümmern zu können, wählten daher kurzerhand sieben Männer »voll Geist und Weisheit«, weihten sie durch Handauflegen und beriefen sie so zu Diakonen, quasi zu den ersten christlichen Sozialarbeitern der Weltgeschichte.

Dabei erwies sich besonders Stephanus als Glücksgriff. Ja, der griechischstämmige Mann, dessen Name »der Bekränzte« bedeutet, entpuppte sich nicht nur als engagierter Mitarbeiter, sondern auch als talentierter Prediger, ein Gottesmann »voll Kraft und Gnade«, der »Wunder und große Zeichen« tat, wie die Bibel berichtet. Und offensichtlich erregen genau diese öffentlichkeitswirksame Leidenschaft des »Bekränzten« und die dadurch entstehende Aufmerksamkeit für die Christen den Unmut vieler religiöser Jerusalemer. Und zwar einen gehörigen Unmut. Zumindest ist eine Anklage wegen Gotteslästerung eine äußerst ernste Angelegenheit.

Vor dem Hohen Rat, dem Sanhedrin, wiederholen die gekauften Männer ihre Anschuldigungen: »Wir haben ihn sagen hören: Dieser Jesus von Nazareth wird den Tempel zerstören und die Ordnungen ändern, die uns Mose gegeben hat.« Was nicht mal ganz falsch, aber erkennbar aus dem Zusammenhang gerissen ist. Tatsächlich hat Jesus mehrfach erklärt, er könne den Tempel einreißen und in drei Tagen wieder aufbauen – womit er allerdings nicht über das historische Gebäude, sondern bildhaft über seinen Tod und seine Auferstehung gesprochen hat. Entscheidend ist: Ohne diese Zusatzinformation klingt die Aussage in den Ohren frommer Juden wie eine abscheuliche Blasphemie. Entsprechend entsetzt richtet der Vorsitzende des Rats, der Hohepriester, die alles entscheidende Frage an Stephanus: »Ist das wahr?«

Tja! Ähnlich wie Martin Luther begnügt sich auch der forsche Diakon nicht mit einem simplen Ja oder Nein. Im Gegenteil: Er hält die vermutlich längste Rede der gesamten Bibel und macht seinem Ruf als wortgewaltiger Verkündiger damit alle Ehre. Denn er dreht kurzerhand den Spieß um und erklärt den Anwesenden: »Nicht ich habe das jüdische Gesetz gebrochen, sondern ihr.« Und damit meint er nicht nur seine Ankläger, sondern auch und besonders die Vertreter des Hohen Rats. Seine nun folgende Verteidigungsrede ist ein flammendes Plädoyer für das christliche Verständnis Gottes und die freie Verkündigung.

Um seine Überzeugungen anschaulich zu machen, beginnt Stephanus erst einmal mit einem zackigen Durchmarsch durch die Geschichte Israels: von Abraham und Josef über Mose und den Auszug aus Ägypten bis hin zum Bau des Jerusalemer Tempels. Lauter Erzählungen, die den Anwesenden vertraut sind. Allerdings betont der Angeklagte in seinen Ausführungen besonders die Tatsache, dass das Volk Israel zu allen Zeiten dazu geneigt hat, sich seinem Gott zu widersetzen. Und so, wie es im Lauf der Geschichte fast jeden der von Gott gesandten Boten verfolgt habe, habe es jetzt auch Jesus verfolgt und getötet. Womit (für Stephanus) bewiesen ist: Die Juden halten sich in alter Gewohnheit wieder einmal nicht an das Gesetz des Mose und die klaren Weisungen des Himmels.

Am Ende krönt »der Bekränzte« seine Rede mit einer opulenten Zeichenhandlung; entweder weil er wahrhaftig eine Vision hat oder weil er einfach ein brillanter Redner ist. Jedenfalls hebt er den Kopf demonstrativ gen Himmel und ruft: »Ich sehe den Himmel offen … und den Menschensohn [Jesus] zur Rechten Gottes sitzen.« Mit anderen Worten: »Jesus ist bei Gott – und das bedeutet: Er ist wahrhaftig der angekündigte Messias, auf den unser Volk so lange gewartet hat. Wenn ihr das nicht erkennt, dann seid ihr die Ketzer, nicht ich.« Man könnte es auch so formulieren: Der wahre Richter ist Jesus. Also hat dieses komische Gericht hier gar kein Recht, über mich zu urteilen.

Für die anwesenden Juden ist diese Provokation so anstößig, so gotteslästerlich, dass sie sich die Ohren zuhalten – nur, um nicht weiter zuhören zu müssen. Und weil Stephanus trotzdem nicht daran denkt, aufzuhören, wird er vor die Stadt ans Jerusalemer Damaskustor gebracht und dort gesteinigt. Wobei er noch im Sterben, wie sein Vorbild Jesus, versöhnend ruft: »Gott, rechne ihnen diese Sünde nicht an.«

In der erbosten Zuschauermasse, die sich den Tod des unverbesserlichen Anhängers dieses Jesus von Nazareth anschaut, steht an diesem Tag übrigens auch ein jüdischer Geistlicher, der im Christentum noch eine tragende Rolle spielen wird: Paulus von Tarsus.

Der Gedenktag für den heiligen Stephanus ist der 26. Dezember. Ein wahrlich passender Termin: Direkt nach den Feierlichkeiten zur Geburt Jesu wird die Christenheit jedes Jahr daran erinnert, was es kosten kann, zu seinem Glauben zu stehen – und dass es bis heute wichtig ist, mutig zu sein, wenn andere einem den Mund verbieten wollen. Weil es zu Überzeugungen dazugehört, dass man ihnen trotz Widerständen treu bleibt und dass man sich nicht schämt, seine Meinung zu sagen. Ein Appell, der nach wie vor ermutigen kann; gerade dann, wenn manch westlichem Christenmenschen schon das Herz in die Hose rutscht, wenn er auf einer lockeren Party gefragt wird: »Ach, Sie glauben an Gott?« Für die Millionen Christinnen und Christen, die nach wie vor weltweit verfolgt werden, hat die Geschichte von Stephanus dagegen eine wahrhaft existenzielle Dimension.

Trotz des garstigen Endes von Stephanus gilt der standhafte Bekenner bis heute als »Patron für eine gute Sterbestunde«. Warum? Wahrscheinlich, weil in der biblischen Apostelgeschichte, die all diese Ereignisse überliefert, betont wird, er habe während seiner Verhandlung ein Strahlen auf dem Gesicht gehabt. Damit war keineswegs ein beseeltes Grinsen gemeint, sondern eine innere Erleuchtung (»wie ein Engel«), ein »Feuer-und-Flamme-Sein«, das auf eine göttliche Präsenz im Menschen hinweist. Sprich: Stephanus konnte Haltung zeigen, weil er von seinem Glauben erfüllt war – so sehr, dass man ihm diese Begeisterung weithin ansah.

Anscheinend ist das Phänomen der Weltveränderung, die Haltung des *Hier stehe ich!*, nie ein rein intellektuelles. Schön, wenn das, wofür man einsteht, klug durchdacht und argumentativ fundiert ist – zum Wesen eines Bekenntnisses gehört aber, dass die dazugehörige Person sich auch emotional zutiefst damit verbunden fühlt. Weil sie erfahren hat, dass es sich um substanzielle Werte handelt, die die eigene Existenz betreffen. Das heißt: Erneuerung entsteht nicht aus der Distanz, sondern in der Identifikation. Ein Mensch macht sich eine Überzeugung zu eigen – und aus diesem Einswerden entsteht persönliches Engagement. Ein Engagement, das bisweilen eben nicht nur die Augen, sondern einen ganzen Menschen zum Strahlen bringt.

Ach ja: Das Wort »Begeisterung« verweist auf die Erfüllung mit einem besonderen Geist. Und das, was die Bibel gerne als »Heiligen Geist« bezeichnet, ist schon immer eine Kraft gewesen, die Menschen über sich hinauswachsen lässt. Es könnte sich lohnen, diesem Geist nachzuspüren.

»Ihr seid Starrköpfe!
Euer Herz gehört mir nicht,
und ihr seid taub
für meine Stimme.«

»Ich sehe den Himmel offen!«

William WILBERFORCE

1759–1833

Die große Stunde des Abgeordneten William Wilberforce schlägt am 24. März 1807 um vier Uhr morgens. Nach einer mehr als zehnstündigen Debatte im britischen Unterhaus wird der sogenannte Slave-Trade-Act mit 283 zu 16 Stimmen angenommen – ein heiß umstrittener Antrag, den Wilberforce mit kurzer Unterbrechung seit 1789, also seit 18 Jahren, jedes Jahr mit unerschütterlicher Hartnäckigkeit immer und immer wieder ins Parlament eingebracht hat – und für den es ihm nun endlich gelungen ist, eine Mehrheit zu finden. Einen Monat später, nachdem auch das Oberhaus und der König zugestimmt haben, tritt das Gesetz in Kraft: Damit ist in Großbritannien und seinen afrikanischen Kolonien fortan der Handel mit Sklaven verboten. Juristisch bedeutet das: Sklavenhändler werden Piraten gleichgestellt und dementsprechend bestraft. Zudem löst diese politische Initialzündung eine weltweite Diskussion aus, die selbst auf dem Wiener Kongress, wo die europäischen Staatsoberhäupter über die Zukunft des Kontinents beraten, die Gemüter bewegt und nach und nach weitere Länder folgen lässt.

William Wilberforce, der so lange für diesen einen, alles entscheidenden Moment gekämpft hat, sieht sich allerdings nicht als Held oder Befreier der Sklaven. Er betont stattdessen seine Dankbarkeit dafür, dass er als

Werkzeug Gottes dazu beitragen konnte, »dieser schrecklichen und beispiellosen Schlechtigkeit ein Ende zu setzen«. Denn das ist es tatsächlich, was geschieht: Ende des 18. Jahrhunderts werden in Afrika jedes Jahr bis zu 50 000 Menschen im Landesinneren gefangen genommen, in Ketten zur Küste getrieben, unter widerwärtigen Bedingungen nach Amerika verschifft und dort auf den Sklavenmärkten verkauft. Und wer agiert damals als führende Sklavenhändlernation? Genau: Großbritannien mit seinen Kolonien. Ein angeblich zivilisiertes Land, das seinen Wohlstand zu einem großen Teil durch Menschenhandel finanziert. Diese Situation ist dem bekennenden Christen Wilberforce in jeder Hinsicht zuwider. Wie können Menschen ernsthaft behaupten, sie seien Christinnen und Christen – und das tun im damaligen Großbritannien eigentlich alle –, und dann andere Geschöpfe Gottes versklaven und sie wie eine seelenlose Ware behandeln?

Wilberforce ist ohnehin der Überzeugung, dass der christliche Glaube mit vielem, was er als scharfer Beobachter in der Gesellschaft und der Politik erlebt, nicht in Einklang zu bringen ist. Nicht nur beim Thema Sklavenhandel: Das Empire leidet auch unter den Folgen der Industrialisierung, die mit großem Elend unter den Arbeitern einhergeht. Und die Gier nach immer mehr Macht in der Welt führt in manchen Kolonien zu menschenverachtenden Zuständen beim Umgang mit den Einheimischen. Diese zum Himmel schreiende Diskrepanz bringt den engagierten Parlamentarier 1797 dazu, eine fast 500-seitige Bestandsaufnahme der geistlichen Situation Großbritanniens zu veröffentlichen, die für gehörigen Aufruhr sorgt. Das Werk mit dem – für heutige Ohren etwas sperrigen – Titel *Praktische Ansicht des herrschenden Religionssystems vorgeblicher Christen in den höheren und mittleren Ständen verglichen mit dem wahren Christentum* wird zu einem echten Bestseller und erreicht noch zu Wilberforces Lebenszeit 19 Auflagen. Offensichtlich teilen viele Zeitgenossen die Kritik des Abgeordneten.

Wilberforce führt in seinem Buch akribisch auf, in welcher Weise sich die gesellschaftliche Realität von den Idealen des Christentums entfernt hat, obwohl sich das britische Empire nach wie vor als christliche Nation versteht. Was Wilberforce vor allem stört: Gerade gebildete Leute, die die Zusammenhänge verstehen könnten, schieben mit fadenscheinigen Argumenten jede Verantwortung von sich. Eine beliebte Haltung der Zeit lautet: »Wer arm ist, ist doch selbst daran schuld. Also muss ihm auch nicht geholfen werden.« Beim Thema Sklavenhandel sind es sogar die Vertreter der Kirche, die unfähig scheinen, das Unrecht zu erkennen. So ist von dem damaligen Bischof von Canterbury überliefert, dass er 1760 an einen Kollegen schreibt: »Es gibt mir seit Langem zu denken und Anlass zur Klage, wie die Neger in unseren Plantagen sich vermindern und ständig neuer Nachschub notwendig wird. Die Ursache dahinter ist gewiss ein Mangel an Humanität und sogar an Vernunft. Aber wir müssen die Dinge nehmen, wie sie derzeit sind.«

Vermutlich hat die anhaltende Empörung von Wilberforce auch damit zu tun, dass er die Kluft zwischen Schein und Sein als Jugendlicher am eigenen Leib erfahren hat: Seine wohlhabende Familie legt großen Wert auf gesellschaftliche Reputation und schickt ihn deshalb mit zwölf Jahren in die Obhut eines reichen Onkels. Der gehört jedoch zur Kirche der Methodisten, also zu einer der wenigen Glaubensgemeinschaften, die sich gegen die Sklaverei und das Elend der Armen einsetzen. William erlebt bei seinen Verwandten eine leidenschaftliche und zugleich sozial engagierte Spiritualität, die ihn begeistert. So sehr, dass seine Mutter ihn, nachdem sie davon Kenntnis bekommen hat, wutentbrannt wieder nach Hause holt und auf ein Internat schickt, um ihn dieser – nach ihrer Meinung – schädlichen Einflussnahme zu entziehen.

Erst viele Jahre später, als William längst erfolgreich in der Politik Karriere gemacht hat (er wird schon mit 21 Jahren ins Parlament gewählt), bringt ihn ein Freund, mit dem er eine Italienreise unternimmt, dazu, wieder über den christlichen Glauben nachzudenken. Dabei wird ihm klar, dass er die erdverbundene Begeisterung, die er damals im Umfeld seines Onkels erlebt hat, wiederentdecken möchte. Diese »zweite« Bekehrung, die er selbst »Die große Wandlung« nennt, bringt ihn fast dazu, seine politische Laufbahn aufzugeben, weil er nicht sicher ist, ob ein gläubiger Mensch im Regierungssystem seinem Gewissen treu bleiben könne. Nach intensiven Gesprächen mit Freunden und vielen Gebeten kommt er aber zu dem Schluss: »Ich kann und will gerade als Christ versuchen, Gott mit meinen Möglichkeiten in der Politik zu dienen.« Was er fortan auch leidenschaftlich tut.

Übrigens geht der Kampf von William Wilberforce gegen die Sklaverei auch nach dem großen Erfolg vom 24. März 1807 unvermindert weiter. Denn noch immer ist der Sklavenhandel in außerafrikanischen Kolonien erlaubt, und die britische »East India Company« versucht zudem mit allen Mitteln, jedwede missionarische Entwicklungshilfe unter den Einheimischen zu unterbinden. Selbst als eine halbe Million Briten rund 900 Petitionen für die Entsendung von Lehrern und Diakonen nach Asien unterzeichnet, sorgen die Direktoren der Company dafür, dass dieses Anliegen scheitert. Weil sie ahnen, dass intensive Bildung und die Hinwendung der Menschen zum Christentum die Vormachtstellung des Handels und damit auch ihren Profit gefährden könnten.

Wilberforce bleibt ein umtriebiger Mann. Zeitweise engagiert er sich trotz angegriffener Gesundheit neben seinem Beruf als Parlamentarier in 69 verschiedenen wohltätigen Organisationen, von denen er viele selbst gründet. Sein Einsatz für eine authentische Frömmigkeit und gelebte Werte prägt das Empire nachhaltig. Ein Zeitgenosse, James Stephen, schreibt über ihn: »In seiner Gegenwart konnte sich Eintönigkeit ebenso wenig halten wie Unmoral. Sein Frohsinn war so unwiderstehlich wie das erste Lachen eines Kindes.«

Kurz vor seinem Tod schlägt noch einmal die große Stunde von Wilberforce. Das Parlament entscheidet nämlich über einen Gesetzesentwurf, den seine Mitstreiter vorangetrieben haben und der die Sklaverei im gesamten britannischen Reich verbieten soll. Wilberforce, der mit seiner Frau Barbara vier Söhne und zwei Töchter hat, lässt es sich nicht nehmen, sich mit seinen über 70 Jahren erneut zu Wort zu melden: »Ich hätte nie gedacht, dass ich noch einmal in der Öffentlichkeit erscheine, aber man soll nie sagen können, dass Wilberforce schweigt, während die Sklaven seine Hilfe brauchen.«

Sein Bemühen und das seiner Mitstreiter haben Erfolg: Drei Tage vor seinem Tod im Jahr 1833 erfährt er, dass der Gesetzesentwurf zur Abschaffung der Sklaverei (nicht nur des Sklavenhandels) im britannischen Reich vom Parlament angenommen worden ist. Sein Werk ist vollbracht.

William Wilberforce, der als ausgesprochen heiterer, gelassener und eloquenter Mann beschrieben wird, erweist sich als lebender Beweis dafür, dass es sich lohnt, bei Herzensangelegenheiten trotz aller Widerstände weiterzukämpfen: »Mir wird jeden Tag bewusster, dass meine Arbeit durch konstante und regelmäßige Anstrengungen und nicht durch plötzliche Bemühungen getragen werden muss.« Dass die Penetranz eines Einzelnen Hunderttausenden das Leben retten und das Gesicht der Welt verändern kann, gehört zu den besonders inspirierenden Erfahrungen seiner Geschichte.

*»Du kannst dich entscheiden,
nicht hinzuschauen,
aber dann kannst du nicht
mehr behaupten, es nicht gewusst
zu haben.«*

*»Wir sind zu jung, um zu erkennen,
dass manche Dinge unmöglich sind.
Darum machen wir sie einfach
trotzdem.«*

Martin Luther KING

1929–1968

»Ich freue mich, heute mit euch zusammen an einem Ereignis teilzunehmen, das als die größte Demonstration für die Freiheit in die Geschichte unserer Nation eingehen wird.« Mit diesen selbstbewussten Worten eröffnet der Baptistenpastor Martin Luther King am 28. August 1963 seine berühmte Rede beim »Marsch auf Washington« – einer Kundgebung, an der sich rund 250 000 überwiegend schwarze Menschen beteiligen, um für das Ende der Rassentrennung in den Vereinigten Staaten von Amerika zu demonstrieren. Und tatsächlich: Diese Demonstration gilt als Höhepunkt der amerikanischen Bürgerrechtsbewegung und berührt weltweit Millionen Menschen, die sie live vor dem Fernseher verfolgen.

Exakt 100 Jahre nach dem Inkrafttreten der sogenannten Emanzipations-Proklamation von Abraham Lincoln, die 1863 die Sklaverei in den amerikanischen Südstaaten beendete, fordern die versammelten Aktivisten vor dem Lincoln-Memorial, dass jetzt endlich auch die anhaltende alltägliche Diskriminierung überwunden werden muss. In der Realität sind nämlich in den USA damals fast alle Bereiche des öffentlichen Lebens nach Hautfarbe, also in Schwarz und Weiß, getrennt: Schulen, Universitäten, Kirchen, die Abteile in den Bussen und Bahnen; ja, selbst die Toiletten und

Waschbecken der Weißen sind für Schwarze streng verboten. Es existierten zwei Gesellschaften nebeneinander, von denen die eine nahezu alle Rechte und die andere fast keine hat.

Martin Luther King, der ein charismatischer Redner ist, hat die Folgen dieser sogenannten Segregation schon während seiner Kindheit hautnah erlebt: Er durfte nämlich eines Tages mit seinem besten Freund aus der Nachbarschaft nicht mehr spielen, nachdem die beiden auf unterschiedlichen Schulen eingeschult wurden. Die Eltern seines weißen Spielkameraden teilten ihm kurzerhand mit, ihre gemeinsame Zeit sei jetzt vorüber – ganz einfach, weil er schwarz sei.

Möglicherweise steckt auch wegen dieser persönlichen Erfahrung des Predigers so viel Herzblut in seiner mitreißenden Vision »I have a dream«, mit der King seine Rede schließt und die bis heute zeigt, dass mitreißende Bilder Menschen stärker motivieren können als alle Sachargumente:

»Ich habe einen Traum … dass eines Tages die Söhne früherer Sklaven und die Söhne früherer Sklavenhalter an einem Tisch sitzen werden.

Ich habe einen Traum … dass eines Tages kleine schwarze Jungen und Mädchen die Hände kleiner weißer Jungen und Mädchen schütteln – als Brüder und Schwestern.

Ich habe einen Traum … dass meine vier kleinen Kinder eines Tages in einer Nation leben werden, in der man sie nicht nach ihrer Hautfarbe, sondern nach ihrem Charakter beurteilen wird.«

Angeblich gehören diese Zeilen zu den bekanntesten Sätzen der Welt. Kein Wunder: Sie malen eine verheißungsvolle Zukunft vor Augen und appellieren dabei an jeden Idealisten, schon jetzt alles Menschenmögliche dafür zu tun, dass dieser Traum wahr wird. Mehr kann man von einer weltverändernden Rede kaum erwarten.

Martin Luther King, dessen Vater ebenfalls baptistischer Pfarrer ist, überspringt im Gymnasium 2 Klassen und fängt schon mit 15 Jahren an, an einer Universität für Schwarze zu studieren, wo er zum ersten Mal mit der Idee des gewaltfreien Widerstands von Mahatma Gandhi (Seite 98) und mit dem »Essay über den zivilen Ungehorsam« von Henry David Thoreau in Kontakt kommt. Die bahnbrechenden Ideen dieser beiden Vordenker lassen ihn nicht mehr los.

Zudem werden genau diese Ideale in Amerika schon bald auf die Probe gestellt: In Montgomery, wo King gerade als Pfarrer angefangen hat, weigert sich die schwarze Schneiderin Rosa Parks am 1. Dezember 1955, wie gesetzlich vorgeschrieben, ihren Platz in einem Bus für einen Weißen zu räumen – woraufhin die 42-Jährige festgenommen und wegen »Erregung öffentlichen Ärgernisses« zu einer Geldstrafe verurteilt wird. Es ist nicht der erste Fall in den USA, doch diesmal regt sich Widerstand: Noch während der Gerichtsverhandlung organisiert ein örtliches Komitee eine Bestreikung der öffentlichen Busse und ermutigt die schwarze Gemeinschaft: »Lasst uns einen Tag lang demonstrativ zu Fuß gehen, Taxis benutzen oder Fahrgemeinschaften bilden.« Aus dieser spontanen Idee wird eine groß angelegte Aktion, aus dem einen geplanten Tag werden am Ende 381 Tage – und aus einer symbolischen Handlung wird der Beleg dafür, dass die weißen Unternehmer wirtschaftlich viel stärker von der schwarzen Bevölkerung abhängig sind, als sie dachten. Die Busse bleiben so lange leer, bis der Oberste Gerichtshof die Rassentrennung in den städtischen Verkehrsmitteln für verfassungswidrig erklärt. Was für ein Erfolg! Und was für ein Anfang!

Überzeugend ist der Busstreik vor allem, weil er von fast 100 Prozent der Schwarzen in der Region mitgetragen wird. Und mittendrin: der gerade 26 Jahre alte Gemeindepfarrer Martin Luther King, der den Widerstand unterstützt und schon nach Kurzem zum Leiter der neu gegründeten »Montgomery Improvement Association« ernannt wird, die den Boykott koordiniert. In dieser Funktion gilt King bald überall als einer der profiliertesten Vertreter für einen gewaltfreien Kampf gegen Unterdrückung und soziale Ungerechtigkeit.

Allein im Jahr 1957 hält Martin Luther King mehr als 200 Vorträge. Bewegende Reden, in denen er – im Gegensatz zu manchen feurigen Aktivisten, die eher auf eine Rebellion oder einen Aufstand hoffen – zum Handeln aufruft, aber jede Gewalt verurteilt. Immer wieder betont er allerdings, dass »gewaltloser Widerstand keine Methode für Feiglinge ist. Es wird Widerstand geleistet. Wenn jemand diese Methode anwendet, weil er Angst hat oder nur weil ihm die Werkzeuge zur Gewaltanwendung fehlen, so handelt er in Wirklichkeit gar nicht gewaltlos.«

Dass die demonstrative Gewaltlosigkeit der einen Seite die gegnerische Seite nicht unbedingt davon abhält, selbst Gewalt anzuwenden, erlebt Martin Luther King in dieser Zeit regelmäßig. 1955 und 1957 gibt es jeweils ein Bombenattentat auf sein Haus, 22-mal wird er angegriffen, 29-mal verhaftet und 1960 sogar zu 4 Monaten Zwangsarbeit in einer berüchtigten Haftanstalt verurteilt. Doch all das kann ihn nicht davon abhalten, weiter für die Gleichberechtigung der Rassen zu kämpfen. Etwa, indem er gemeinsam mit vielen anderen Aktivisten die sogenannten Lunch-Counters, die für Weiße reservierten Sitzecken in den Kaufhäusern, besetzt. Es sind gerade diese in den Medien präsenten Zeichenhandlungen, die dafür sorgen, dass das Anliegen der schwarzen Bevölkerung ins Bewusstsein aller gerät.

Martin Luther Kings umtriebiger Einsatz – im Jahr 1963 initiiert er insgesamt über 800 Demonstrationen in fast 200 Städten – zeigt Erfolg. So ernennt ihn das *Time magazine* 1963 zum »Mann des Jahres«. 1964 wird der Bürgerrechtler dann für seine vielfältigen Aktivitäten mit dem Friedensnobelpreis ausgezeichnet. Doch viel wichtiger als diese äußeren Auszeichnungen ist, dass im selben Jahr der amerikanische Präsident Lyndon B. Johnson, nach Vorarbeit von John F. Kennedy, am 2. Juli im Beisein Kings den »Civil Rights Act« unterschreibt – das Dokument, das die Rassentrennung juristisch aufhebt.

Vier Jahre nach seinem großen Durchbruch wird Martin Luther King von einem Rassisten auf einem Hotelbalkon in Memphis erschossen. Am 4. April 1968. Doch es scheint, als habe King so etwas geahnt, wie ein Auszug aus einer Rede zeigt, die er kurz vor seinem Tod hält: »Ich weiß nicht, was nun geschehen wird. Schwierige Tage liegen vor uns. Aber das macht mir wirklich nichts aus. Denn ich bin auf dem Gipfel des Berges gewesen. Ich mache mir keine Sorgen. Wie jeder andere würde ich gern lange leben. Langlebigkeit hat ihren Wert. Aber darum bin ich jetzt nicht besorgt. Ich möchte nur Gottes Willen tun. Er hat mir erlaubt, auf den Berg zu steigen. Und ich habe hinübergesehen.«

100 000 Menschen kommen zu seiner Beerdigung, und auf seinem Grabstein stehen die Worte eines alten Spirituals: »Free at last! Thank God Almighty, I'm free at last!« – »Endlich frei! Dank sei Gott, dem Allmächtigen, ich bin endlich frei!«

»Man sollte im Leben
an etwas so leidenschaftlich
glauben können,
dass man ein Leben lang
für diese Überzeugung
eintreten kann.«[2]

Nelson MANDELA

1918–2013

Am 11. Februar 1990 wird der Rechtsanwalt Nelson Mandela nach 27 Jahren Haft aus dem Gefängnis entlassen. Endlich. Der Gefangene gilt zu diesem Zeitpunkt längst als internationale Symbolfigur für den Kampf der schwarzen Bevölkerung Südafrikas gegen das dortige Apartheidregime. Sogar hinter den Gittern des Hochsicherheitsgefängnisses von Robben Island (vor der Küste Kapstadts) trägt Mandela wesentlich dazu bei, dass die Welt, in die er zurückkehrt, eine andere ist als die, die er verlassen hat. Nämlich eine Welt, die bereit ist, seine Botschaft von der Versöhnung der weißen und schwarzen Bevölkerung zu hören und sie endlich Wirklichkeit werden zu lassen. Und auch Mandela selbst ist ein anderer geworden …

Direkt am Tag seiner Freilassung hält er eine Rede vom Balkon des Rathauses in Kapstadt, und schon wenig später jubeln ihm 120 000 Menschen im Stadion von Johannesburg zu, wo er über seinen Traum von einem »nichtrassischen, geeinten und demokratischen Südafrika mit freien Wahlen und Stimmrecht für alle« spricht. Knapp vier Jahre darauf, am 10. Mai 1994, gewinnt der »African National Congress« (ANC), die erst seit Kurzem wieder erlaubte Bewegung gegen die Apartheid, die ersten demokratischen Wahlen des Landes, und Nelson Mandela, sein frisch gekürter Vorsitzender, wird der erste schwarze Präsident Südafrikas. Einer, der in seiner Antrittsrede nicht nur das Ende der Apartheid preist, sondern auch verkündet: »Die Zeit zur Heilung der Wunden hat begonnen.« Womit er nicht nur die Wunden der schwarzen Bevölkerung meint, sondern alle Wunden, die im Kampf zwischen Schwarz und Weiß geschlagen wurden.

Anders formuliert: Mandela bietet seinen Feinden Vergebung und Freundschaft an. Das ist erstaunlich. Denn eigentlich wäre es nur verständlich, wenn er als Präsident des Landes zum Gegenschlag ausholen und die Weißen für all das Unrecht, das sie ihm und dem Rest der schwarzen Bevölkerung angetan haben, bestrafen würde. Er schreibt dazu: »Während der langen, einsamen Jahre der Haft wurde aus meinem Hunger nach Freiheit für mein eigenes Volk der Hunger nach Freiheit für alle Völker, ganz gleich, ob weiß oder schwarz.« Wobei er an anderer Stelle mit seinem berühmt gewordenen, verschmitzten Lächeln ergänzt: »Auch mit einer Umarmung kann man einen politischen Gegner bewegungsunfähig machen.«

Diese versöhnliche Botschaft ist umso verblüffender, als Mandela lange Zeit ein klarer Befürworter des bewaffneten Widerstands war: Als er 1964 wegen »Sabotage« und »Verschwörung zum bewaffneten Umsturz« zu lebenslanger Haft verurteilt wird, ist diese Anklage keineswegs aus der Luft gegriffen. Tatsächlich ist Gewalt damals für ihn ein ungeliebtes, aber akzeptiertes Mittel, um dem Unrecht entgegenzutreten. Er selbst erklärt bei der Gerichtsverhandlung in einer abschließenden, vierstündigen Rede: »Ich habe gegen weiße Vorherrschaft gekämpft, und ich habe gegen schwarze Vorherrschaft gekämpft. Ich habe das Ideal der Demokratie und der freien Gesellschaft hochgehalten, in der alle Menschen in Harmonie und mit gleichen Chancen zusammenleben. Das ist ein Ideal, für das ich zu leben und das ich zu verwirklichen hoffe. Doch, Euer Ehren, wenn es sein soll, bin ich auch bereit, für dieses Ideal [im Kampf] zu sterben.«[3] Auch international wird er zu dieser Zeit kritisch beäugt: So steht er in den USA auf einer Liste potenzieller »Gefährder« und wird von Margaret Thatcher sogar als »Terrorist« bezeichnet. Doch irgendwann wird im Gefängnis auf Robben Island aus dem Terroristen ein Pazifist. Gott sei Dank!

Die Lust, sich aufzulehnen, scheint Mandela schon in die Wiege gelegt worden zu sein, denn sein aristokratischer Vater gibt ihm den sprechenden Namen »Rolihlahla«. Das bedeutet wörtlich »am Ast eines Baumes ziehen« und meint »Unruhestifter«. Erst seine Klassenlehrerin teilt dem Jungen aus dem Stamm der Xhosa am ersten Schultag den englischen Namen Nelson zu, während er nach den Initiationsriten seines Volkes offiziell »Madiba« genannt wird. Und um den Namensreigen vollständig zu machen, muss noch erwähnt werden, dass Mandela für die meisten Südafrikaner bis heute meist einfach »Tata« heißt; ein Xhosa-Wort für »Vater«.

1939 schreibt sich Nelson Mandela im University-College von Fort Hare ein; einem Zentrum der Widerstandsbewegung gegen die Vormachtstellung der Weißen. Während seines Studiums (Englisch, Anthropologie, Politik, Eingeborenenverwaltung und Römisch-Holländisches Recht) beginnt er, sich politisch zu engagieren, muss dann aber nach Johannesburg fliehen, um einer Zwangsverheiratung zu entgehen. Dort jobbt er unter anderem als Wachmann und Boxer, bevor er sich entscheidet, Jurist zu werden – ein Studium, das er aufgrund seiner zahlreichen politischen Aktivitäten erst 1989 mithilfe eines Fernkurses im Gefängnis abschließen wird.

Die Apartheid, also die strikte Trennung zwischen Schwarzen und Weißen, wird 1948 durch die »National Party« eingeführt. Mandela ist damals 30 Jahre alt und muss erleben, wie die Bürgerrechte der schwarzen Bevölkerung radikal eingeschränkt werden: Mischehen sind fortan verboten, Schwarzen werden das Wahlrecht und fast alle anderen Bürgerrechte entzogen, und selbst Gespräche von Schwarzen und Weißen in der Öffentlichkeit stehen von nun an unter Strafe.

Einige Jahre kämpft Nelson Mandela als Präsident der ANC-Jugendorganisation »Youth League« mit gewaltfreiem Widerstand gegen das Unrechtsregime, doch als es im März 1960 in Sharpeville bei einer friedlichen Demonstration zu einem Massaker kommt, bei dem 69 Schwarzafrikaner getötet werden, schlägt die Stimmung nicht nur bei dem Jurastudenten um: »Wenn die Reaktion der Regierung darin besteht, mit nackter Gewalt unseren gewaltlosen Kampf zu zermalmen, so werden wir unsere Taktik zu überdenken haben.«

Wenige Wochen später wird der ANC zu einer unrechtmäßigen Organisation erklärt – und der »Unruhestifter« muss in den Untergrund gehen, getarnt als Chauffeur oder Gärtner. Als ihm darüber hinaus ein Rede- und Publikationsverbot erteilt wird, gründet Mandela den »Umkhonto we Sizwe« (den »Speer der Nation«), eine bewaffnete Kampforganisation, die regelmäßig Symbole des weißen Regimes angreift. Er betont später, dass seine Gruppe bemüht gewesen sei, keine Menschenleben zu gefährden, trotzdem nehmen ihn die weißen Südafrikaner als Gewaltverbrecher wahr. Und jagen ihn dementsprechend. 1962 wird Mandela, angeblich durch Hinweise, die die CIA liefert, während einer Autofahrt gefangen genommen und später zu lebenslanger Haft verurteilt.

Doch die brutale Politik der weißen Regierung Südafrikas ruft nicht nur unter der schwarzen Bevölkerung, sondern bald auch international immer stärkere Kritik hervor … und der inhaftierte Freiheitskämpfer Mandela gibt den Anliegen der Schwarzen ein Gesicht. Er steht für all diejenigen, die unter der Unterdrückung der Weißen zu leiden haben. Tatsächlich isoliert sich das Regime Südafrikas durch seine Apartheidpolitik immer mehr. Die wirtschaftlichen Sanktionen setzen dem Land zu, und schließlich müssen die Machthaber nachgeben: 1990 wird Mandela aus der Haft entlassen, und das

Verbot des ANC aufgehoben. Vier Jahre später finden die ersten demokratischen Wahlen statt, an denen auch die schwarze Bevölkerung teilnehmen darf.

Dass Mandela zu einem Vorreiter der Versöhnung wird, bringt ihm nicht nur 1988 den Menschenrechtspreis der Vereinten Nationen, sondern 1993 auch den Friedensnobelpreis ein (zusammen mit Frederik de Klerk, dem weißen Staatspräsidenten Südafrikas, der mit Mandela für die Überwindung der Rassentrennung kämpft). Mehr noch: Der 18. Juli, der Geburtstag des großen Streiters für Frieden und Gerechtigkeit, der bereit war, 27 Jahre für seinen Traum im Gefängnis zu verbringen, wird 2009 zum Internationalen Nelson-Mandela-Tag ausgerufen. Zu einem Aktionstag, der Menschen ermutigen soll, Verantwortung zu übernehmen und zu überlegen, was sie persönlich zu einer Verbesserung des Miteinanders der Völker und zum Beenden von Ungerechtigkeit beitragen können.

Mandelas Biografen sind überzeugt, dass auch seine christliche Erziehung dazu beigetragen hat, dass aus einem fanatischen Freiheitskämpfer ein ebenso fanatischer Versöhner wurde. Einer, der in seiner Antrittsrede als Präsident strahlend erklärte: »Wir sind alle dazu bestimmt, zu leuchten, wie es die Kinder tun. Wir sind geboren worden, um den Glanz Gottes, der in uns ist, zu zeigen.«

*»Niemand wird geboren,
um einen anderen Menschen
zu hassen. Menschen müssen
zu hassen lernen, und wenn sie zu
hassen lernen können, dann kann
ihnen auch gelehrt werden
zu lieben, denn Liebe empfindet
das menschliche Herz
viel natürlicher als ihr Gegenteil.«*[3]

Dietrich BONHOEFFER

1906–1945

Hätten Protestanten auch Heilige, Dietrich Bonhoeffer wäre einer davon. Und was für einer! Der Theologe fasziniert nicht nur, weil er aus christlicher Überzeugung Widerstand gegen den Faschismus im Dritten Reich leistet, sondern auch, weil er selbst noch unter widrigsten Umständen im Gefängnis eine fast unerschütterliche Glaubensgewissheit ausstrahlt. So schreibt er in einem seiner Texte aus dieser Zeit verwundert: »Wer bin ich? Sie sagen mir oft, ich träte aus meiner Zelle gelassen und heiter und fest wie ein Gutsherr aus seinem Schloss.«

Dazu kommt: Dietrich Bonhoeffer hätte sich sein hartes Schicksal ersparen können. Er hätte seine Stelle als Pfarrer der Deutschen Gemeinde in London weiterführen können, er hätte den angebotenen Lehrstuhl in New York übernehmen oder aus dem Gefängnis fliehen und untertauchen können. Ein entsprechender Plan, bei dem einige Wärter den prominenten Gefangenen unterstützen wollten, war längst geschmiedet.

Aber Bonhoeffer lehnt all diese Angebote ab. Er ist der Meinung, sein Platz sei bei den Menschen in Deutschland und er könne nicht nach dem Krieg mithelfen, eine neue Gesellschaft aufzubauen, wenn er nicht während der Unrechtszeiten an ihrer Seite gestanden habe. Und so führt er als Inhaftierter der Welt vor

Augen, wie man – getragen von einer inneren Freiheit – gegen alle Unfreiheiten der Welt ankämpfen kann. Seine Verlobte Maria von Wedemeyer (gerade mal halb so alt wie er und bald seine wichtigste Bezugsperson) kann nur verwundert mit ansehen, wie Bonhoeffer in kurzer Zeit aus der Gefängnisgemeinschaft – inklusive des Personals – eine Art »Kirchengemeinde« formt, wie er stoisch die Verhöre von Manfred Roeder, dem »Bluthund Hitlers«, über sich ergehen lässt und wie er auch im Gefängnis intensiv theologisch weiterarbeitet.

Bonhoeffer schreibt im Gefängnis über die Kirche als lebendige Gemeinschaft der Nachfolger Christi und ihre Aufgabe, der Welt solidarisch zur Seite zu stehen. Und natürlich beschäftigt ihn dabei auch die Frage, ob ein Christ gewaltsam Widerstand leisten darf. Bonhoeffer ist nämlich Mitglied einer Gruppe von Verschwörern, die Anschläge auf Adolf Hitler verübt und den deutschen Staat von der Herrschaft der Nazis befreien möchte. Seine Antwort ist zugleich eindeutig und verblüffend: Ja, wer einen anderen Menschen ermordet, macht sich schuldig. Aber: Die Schuld, nichts zu tun, kann größer sein als die Schuld eines Tyrannenmords.

Wer ist dieser Mensch, der so selbstlos und überzeugt für das Gute streitet? Aufgewachsen ist Dietrich Bonhoeffer in einem großbürgerlichen Haushalt. Sein Theologiestudium in Tübingen, Rom und Berlin zieht er so rasant durch, dass er schon mit 21 Jahren promoviert und kurz darauf auch habilitiert ist. Da man damals aber erst mit 25 Jahren zum Pfarrer ordiniert werden kann, geht er für einige Zeit nach New York, wo er Gemeinden besucht, die ganz anders sind als alles, was er aus Deutschland kennt. In Harlem wird in den Gottesdiensten begeistert gesungen und getanzt, die Spiritualität ist mit allen Sinnen erfahrbar und das soziale Engagement der Gemeindeglieder überwältigend. Dieses Erlebnis prägt ihn.

1931 ist Bonhoeffer zurück in Berlin. Er übernimmt einen Lehrauftrag an der Universität, wo er dafür bekannt wird, dass er jede Vorlesung mit einem Gebet beginnt. Aber nur wissenschaftlich zu arbeiten füllt ihn nicht aus. So gründet Bonhoeffer zusätzlich eine »Stube« für arbeitslose Jugendliche, die 1933 von den Nationalsozialisten als »kommunistisch« eingestuft und verboten wird, sowie einen »Bonhoefferkreis«, in dem er mit seinen Studenten zwanglos über theologische Fragen diskutieren kann.

Da der junge Gelehrte auch nach der Ordination nicht direkt eine Pfarrei bekommt, übernimmt er erst einmal die Stelle eines »Jugendsekretärs beim Weltbund für Freundschaftsarbeit der Kirchen«. In dieser Funktion erlebt Bonhoeffer die Machtergreifung Hitlers und die zunehmende Gleichschaltung der evangelischen Kirche mit dem Staatsapparat. Weil ihm seine daraus resultierende Flucht nach London aber nicht behagt, kehrt er 1935 nach Deutschland zurück. Vor allem, weil er wahrnimmt, dass in der sogenannten Bekennenden Kirche viele Theologen mutig anfangen, gegen das

Regime zu kämpfen, und sich in der Barmer Theologischen Erklärung klar auf die Freiheit des Glaubens berufen: »Wir verwerfen die falsche Lehre, als könne und müsse die Kirche als Quelle ihrer Verkündigung außer und neben diesem einen Worte Gottes auch noch andere Ereignisse und Mächte, Gestalten und Wahrheiten als Gottes Offenbarung anerkennen.« Diesem Kampf will er sich anschließen.

So leitet Bonhoeffer für die Bekennende Kirche die Ausbildung angehender Pastoren im Predigerseminar in Finkenwalde – und führt diese Arbeit auch illegal weiter, als der NS-Staat die Ausbildungsstätte schließen lässt. 1940 erhält er dann Rede- und kurz darauf auch Publikationsverbot.

Nun erfolgt ein Wechsel, der auf den ersten Blick erstaunt: Bonhoeffer beginnt nämlich, in der »Abwehr«, dem militärischen Geheimdienst der deutschen Wehrmacht, zu arbeiten. Warum? Ganz einfach: Der Leiter dieses Amts, Admiral Canaris, ist ein wichtiges Mitglied im deutschen Widerstand – und Bonhoeffer soll seine internationalen Beziehungen nutzen, um mit ausländischen Kontaktleuten über die Zukunft des Landes nach dem Faschismus zu verhandeln. Canaris gehört zu einer Gruppe, die verschiedene Attentate auf Hitler durchführt und der sich Bonhoeffer nun anschließt. Die Anschläge scheitern alle … und der Theologe wird – trotz vager Beweislage – am 5. April 1943 verhaftet; wegen »Wehrkraftzersetzung«. Tatsächlich bekommt der Inhaftierte zu keiner Zeit ein offizielles Gerichtsverfahren, und erst viele Monate später tauchen Beweise auf, dass Bonhoeffer wirklich Teil des konspirativen Kreises um Canaris war. Daraufhin wird der Gefangene vom Wehrmachtsuntersuchungsgefängnis in das Kellergefängnis des Reichssicherheitshauptamts verlegt. Dort darf er keinen Besuch mehr empfangen. Nicht einmal von seiner Verlobten Maria.

Wenige Wochen vor Kriegsende, als Adolf Hitler erkennt, wie sehr seine eigene Abwehr gegen ihn gearbeitet hat, befiehlt er wutentbrannt, alle Beteiligten hinzurichten, auch den Pfarrer aus Berlin. Dietrich Bonhoeffer wird in verschiedene KZs gebracht und schließlich am 9. April im KZ Flossenbürg in der Oberpfalz erhängt.

Vieles über den Gemütszustand Bonhoeffers wissen wir aus den Briefen, die er sich mit seiner Verlobten Maria aus Zelle 92 geschrieben hat. Mit ihr träumt er von einer besseren Zukunft – und sie ist es auch, die ihm Halt gibt. Dass die Gutsherrentochter sehr genau weiß, was sie empfindet, hat sie Bonhoeffer eindrucksvoll bewiesen, als sie während eines von ihrer Mutter (unter anderem wegen des Altersunterschieds) verhängten Kontaktverbots zu Dietrich dem Gelehrten einfach ihrerseits einen Heiratsantrag macht. Ja, sie schreibt ihm sehr charmant, sie habe jetzt den Mut gefunden, ihm auf eine Frage zu antworten, die er noch gar nicht an sie gerichtet habe. Nun, ihre Antwort sei »Ja«. Und das aus ganzem Herzen. Dietrich nimmt an!

Bis heute ist Dietrich Bonhoeffer für viele ein Vorbild; ein »Märtyrer«, ein »Heiliger«, ein »Kämpfer«, ein »Held« oder auch ein »geistlicher Visionär«. Kein Wunder: Seine Strahlkraft liegt in seinem Vertrauen auf die Gegenwart Gottes, aus dem heraus er – weil er etwas in sich trug, das die Welt überstrahlte – mit großer Gelassenheit in der Welt für das Gute eintreten konnte. Wie der Gefangene dieses Vertrauen erlebt hat, das beschreibt er in keinem anderen Text ergreifender als in dem Gedicht, das er seiner Verlobten in seinem letzten Brief aus dem Gefängnis schickt. Da dichtet einer, der jeden Tag damit rechnen muss, hingerichtet zu werden, und dennoch voller Hoffnung ist:

»Von guten Mächten wunderbar geborgen,
erwarten wir getrost, was kommen mag.
Gott ist bei uns am Abend und am Morgen
und ganz gewiss an jedem neuen Tag.«

»Wenn ein Wahnsinniger
mit dem Auto durch
die Straßen rast,
kann ich mich als Christ
nicht damit zufriedengeben,
die Überfahrenen zu beerdigen
und die Hinterbliebenen
zu trösten, ich muss
dazwischenspringen
und ihn stoppen.«

Oskar SCHINDLER

1908–1974

Unter den Menschen, die sich gegen den Faschismus zur Wehr setzen, ist Oskar Schindler einer der stilleren. Keiner, der eine landesweite Bewegung ins Leben ruft, öffentlich gegen die Verrohung der Gesellschaft demonstriert oder zu gewaltfreiem Widerstand aufruft. Nein; er ist einer, der im richtigen Moment das Richtige tut – und damit ein eindrucksvolles Zeichen setzt; nämlich dafür, dass jede und jeder im eigenen persönlichen Umfeld dazu beitragen kann, Unrecht zu verhindern. Und dafür, dass einzelne Taten große Wirkung haben können.

Dabei gilt der gut aussehende Unternehmer Schindler in der höheren Gesellschaft lange Zeit vor allem als zügelloser Hedonist: ein leidenschaftlicher Spieler, der nicht nur gerne elegant daherkommt, sondern das Leben in vollen Zügen genießt. Zunächst hat der groß gewachsene Mann auch tatsächlich nur ein Ziel: Er will reich werden! Und zwar möglichst schnell. Stellt sich die Frage: Wie funktioniert Reichwerden Ende der 30er-Jahre am besten? Genau: Man wird Kriegsgewinnler.

1939 tritt Schindler in die NSDAP ein – nicht aus Überzeugung, sondern aus Opportunismus. Wer im Dritten Reich große Geschäfte machen will, muss Mitglied der Partei Adolf Hitlers sein. Und tatsächlich:

Dem ambitionierten Aufsteiger gelingt es dank seiner Beziehungen in der NSDAP, in wenigen Jahren eine stillgelegte Emaille-Fabrik in Zabłocie bei Krakau in ein florierendes Werk zu verwandeln. Zunächst produziert er Küchengeschirr für die Wehrmacht, dann Granatenhülsen. In Kriegszeiten eine Gelddruckmaschine. Und die läuft wie geschmiert.

Schindler gelingt es im Lauf der Jahre – unter anderem durch Urkundenfälschung und Bestechung –, dafür zu sorgen, dass seine Fabrik, die sogenannte Emalia, als kriegswichtiger Produktionsbetrieb eingestuft wird – was ihm nicht nur lukrative Aufträge verschafft, sondern auch die Möglichkeit gibt, jüdische Zwangsarbeiterinnen und Zwangsarbeiter aus dem Krakauer Getto und später aus den umliegenden Lagern als kostengünstiges Personal anzufordern.

Wie gesagt: Schindler will vor allem reich werden. Doch irgendwann in diesen Jahren passiert es: Den kapitalistischen Fabrikanten widert die skrupellose Behandlung der Jüdinnen und Juden durch die SS mehr und mehr an. Und zwar so sehr, dass er anfängt, sich für die Inhaftierten einzusetzen. Erst vorsichtig, dann immer mutiger. Schließlich lässt er kurzerhand ein eigenes Lager errichten, in dem er »seine« Zwangsarbeiter unterbringt. Dort stehen zwar ebenfalls Wachtürme, aber Schindler kann hier für bessere Lebensbedingungen sorgen. So kauft er etwa auf dem Schwarzmarkt zusätzliche Lebensmittel, um die Ernährungssituation der Gefangenen zu verbessern.

Im Oktober 1944 droht sein ambitioniertes Projekt allerdings zu scheitern, weil sich der Kriegsverlauf gedreht hat: Die russische Armee rückt vor, und das KZ Plaszow sowie das von Schindler zusätzlich errichtete Nebenlager sollen aufgelöst werden. Dem kriegswichtigen Produktionsbetrieb droht nach einer Anordnung des Heereswaffenamts Berlin die Schließung. Schindler weiß, was diese Entwicklung für die jüdischen Arbeiterinnen und Arbeiter bedeutet, die ihm zugeteilt sind: den Tod im Vernichtungslager.

Anstatt sich mit seiner Frau und dem angehäuften Vermögen aus dem Staub zu machen, beschließt der Unternehmer daraufhin kurzerhand, eine neue Fabrik aufzumachen – in Brünnlitz im Bezirk Zwittau, wo Schindler seine Jugend verbracht hat und über viele Kontakte verfügt. Dabei zeigt sich: Seine eindrucksvollen NSDAP-Parteiauszeichnungen (unter anderem der »Blutorden«) sowie seine Fähigkeit, die richtigen Entscheidungsträger zum richtigen Zeitpunkt zu schmieren, ebnen dem Geschäftsmann – wie schon bei einer früheren Verhaftung durch die Gestapo wegen einer Denunziation als »Judenküsser« – den Weg, die notwendigen Genehmigungen zu erhalten. Kurz darauf werden Oskar Schindler von der SS 800 Männer und 300 Frauen als Arbeitskräfte für den neuen Betrieb zugesichert. Und nun kommt die entscheidende Wendung: Es gelingt dem Fabrikanten nämlich, die zuständigen Behörden davon zu überzeugen, dass es viel zu kompliziert und vor allem dem Kriegsverlauf abträglich wäre, wenn er am neuen Standort eine komplett neue Belegschaft anlernen müsste. Und tatsächlich: Schindler darf all »seine« Juden aus Krakau mitnehmen.

Die Übersicht über die Personen, die beim Umzug des Werks »übernommen« werden sollen, ist als »Schindlers Liste« in die Geschichte eingegangen. Zu Recht. Am Ende hat Oskar Schindler in seinem Verzeichnis des Lebens 297 Frauen- und 781 Männernamen stehen – wobei er sich nicht scheut, auch Kinder, Kranke, Ungelernte und Akademiker als hoch qualifizierte Metallarbeiter auszugeben, um sie so vor der sicheren Ermordung zu retten. Und: Schindler fühlt sich auch in Brünnlitz weiter für seine Belegschaft verantwortlich und sorgt dafür, dass die Jüdinnen und Juden dort ausreichend ernährt und medizinisch versorgt werden – und dass sie sogar ihre Religion frei ausüben dürfen.

Als der Unternehmer nach der Kapitulation der Deutschen am 8. Mai 1945 seine Schützlinge verlässt, überreichen diese ihm nicht nur einen Schutzbrief, sondern auch einen Ring aus einem besonderen Material: Zahngold. Das einzig Kostbare, das sie noch besitzen. In den Ring eingraviert ist ein Spruch aus dem Talmud, einer der heiligen Schriften des Judentums: »Wer ein Menschenleben rettet, der rettet die ganze Welt.«

Die Kriegszeit und diese riskante Befreiungsaktion sind der Gipfelpunkt in Schindlers Dasein – weder vorher noch nachher gelingt es ihm, sich gesellschaftlich in ähnlicher Weise zu etablieren oder zu engagieren. So wie Oskar Schindler vor dem Krieg mit 16 Jahren wegen Urkundenfälschung der Schule verwiesen und später wegen seiner Spionagetätigkeit für die deutsche »Abwehr« in der Tschechei zum Tode verurteilt wird (was nur durch den Einmarsch der Deutschen verhindert wird), schafft er es auch nach dem Krieg nicht mehr, seinem Leben Struktur zu geben: Weder als Besitzer einer Nutria-Farm in Argentinien noch als Handelsvertreter oder Betonfabrikant kann er jemals wieder an die Erfolge der Emalia anknüpfen.

Anfang der 60er-Jahre, als der Unternehmer nach mehreren beruflichen Misserfolgen zurückgezogen und von seiner Frau getrennt im Frankfurter Bahnhofsviertel lebt, erfahren einige der von ihm geretteten »Schindlerjuden« von seinem Schicksal und laden ihn von da an jedes Jahr ein, sechs Monate bei ihnen in Jerusalem zu verbringen – was Schindler bis zu seinem Tod im Jahr 1974 regelmäßig in Anspruch nimmt.

Obwohl er in Hildesheim stirbt, wird der Unternehmer in Jerusalem beigesetzt, wo sein Grab bis heute als Pilgerstätte gilt; natürlich, weil seine Tat nach wie vor die Kraft der Menschlichkeit symbolisiert, aber auch, weil Schindler nach dem Erfolg des Steven-Spielberg-Films *Schindlers Liste* (ausgezeichnet mit sieben Oscars) der jüdische Ehrentitel »Gerechter unter den Völkern« verliehen wird.

Als der Unternehmer einmal nach den Beweggründen für sein Handeln gefragt wurde, erwiderte er schlicht: »Ich habe getan, was ich tun konnte, was ich tun musste, was mein Gewissen mir sagte. Das ist alles. Wirklich!«

Diese Worte sind außergewöhnlich. Unabhängig von religiösen oder ideologischen Zielen empfindet ein Mann, dass die damals Regierenden gegen menschliche Grundwerte verstoßen – und entschließt sich, »da nicht mehr mitzumachen«. Und dieses einfache, fast kindlich-naive »Ich mache da nicht mehr mit« ist der entscheidende Impuls, der ihn dazu bringt, die Welt zu verändern.

*»Wer nur ein einziges Leben rettet,
der rettet die ganze Welt.«*

Talmud

Sophie SCHOLL

1921–1943

»Was wir sagten und schrieben, denken so viele. Nur wagen sie nicht, es auszusprechen.« Sie aber wagt es: die 21-jährige Studentin Sophie Scholl, die wegen ihres Engagements in der Widerstandsgruppe »Weiße Rose« mit ihrem Bruder Hans am Nachmittag des 22. Februar 1943 im Strafgefängnis München-Stadelheim von den Nazis mit der Guillotine hingerichtet wird – und die noch kurz vor ihrem Tod erklärt: »So ein herrlicher Tag, und ich soll gehen. Aber was liegt an unserem Leben, wenn wir es damit schaffen, Tausende von Menschen aufzurütteln und wachzurütteln?«

Ist das eines der Geheimnisse, die Welt zu verändern? Dass Menschen für Werte eintreten, die ihnen heiliger sind als die eigene Existenz? Weil sie ahnen, dass ihr individuelles Dasein zutiefst mit dieser Welt verwoben ist? So sehr, dass es kein persönliches Glück geben kann, das nicht zugleich vom eigenen Beitrag zum Glück der Gesellschaft gespeist wird? Dass jede Suche nach privatem Heil zum Scheitern verurteilt ist, wenn sie nicht Teil eines großen Ganzen wird, sondern sich nur als individueller Fluchtversuch aus weiter bestehenden, destruktiven Strukturen erweist? Sophie zumindest scheint so empfunden zu haben.

Vier Tage vor ihrer Hinrichtung werden die Geschwister dabei ertappt, wie sie in der Münchner Ludwig-

Maximilians-Universität Flugblätter verteilen. Dabei haben die beiden Aktivisten das Ganze klug geplant: Die engagierte Biologie- und Philosophie-Studentin will ganz unauffällig um Viertel nach 11, kurz vor Ende der Vorlesungen, im Universitätsgebäude einen großen Stapel Blätter (1700 Exemplare) von der Brüstung einer Empore in den sogenannten Lichthof stoßen, damit sich die Schriften wie ein Papierregen überall verteilen – doch der Hausschlosser Jakob Schmid, ein überzeugter SA-Mann, beobachtet Sophie und Hans zufällig von unten. Er rennt die Treppe hoch und brüllt: »Ich verhafte Sie!« Damit ist ihr Schicksal besiegelt.

Sophie und Hans Scholl werden nach ihrer Festnahme vom Direktor der Universität vernommen – und anschließend drei Tage lang in der Münchner Gestapo-Zentrale im Wittelsbacher Palais verhört.

Die beiden versuchen dabei gar nicht erst, ihre Aktivitäten zu leugnen, ihnen geht es in erster Linie darum, ihre Mitstreiterinnen und Mitstreiter zu schützen. Immer wieder betonen sie aber auch, dass sie ihr Verhalten nicht bereuen. So sagt Sophie einmal: »Ich für meine Person will mit dem Nationalsozialismus nichts zu tun haben«, und: »Es war unsere Überzeugung, dass der Krieg für Deutschland verloren ist, und dass jedes Menschenleben, das für diesen verlorenen Krieg geopfert wird, umsonst ist.«

Mehrfach hat Hans Scholl in den Monaten zuvor versucht, seine Schwester davon abzuhalten, mit ihm in den Widerstand zu gehen. Aber damit beißt er bei

Sophie auf Granit. Und so studieren die beiden tagsüber eifrig, während sie nachts antifaschistische Schriften verfassen und sie mit einem kleinen Matrizendrucker vervielfältigen. Flugblätter, die vor allem eines zum Ausdruck bringen: »Leistet Widerstand, wo immer ihr auch seid.« Denn die Geschwister sind sich einig: »Wenn viele mitmachen, dann kann dieses System in einer letzten gewaltigen Anstrengung abgeschüttelt werden.«

Die Erzeugnisse ihrer nächtlichen Aktivitäten verteilen Sophie und Hans Scholl so breit wie möglich: Sie schicken die Flugblätter per Post an Intellektuelle oder Verbündete an anderen Universitäten, sie legen sie in Kneipen oder Telefonzellen aus, stecken sie an Autos unter die Scheibenwischer oder verteilen sie eben selbst auf dem Münchner Universitätsgelände. Die darauf abgedruckten systemkritischen Formulierungen wie »Im Namen der deutschen Jugend fordern wir vom Staat Adolf Hitlers die persönliche Freiheit zurück« oder »Kampf gegen die Partei« gefallen dem Nazi-Regime natürlich gar nicht.

In ihren illegalen Veröffentlichungen spricht die »Weiße Rose« genau die Themen an, von denen viele nach dem Krieg behaupten werden, sie hätten davon nichts mitbekommen. Was kaum möglich ist, wenn selbst zwei Münchner Studenten das Wesentliche beim Namen nennen konnten. Im Anklageprotokoll gegen die beiden heißt es jedenfalls: »Die Hetzschriften enthalten Angriffe gegen den Nationalsozialismus und

Berichte über angebliche Gräueltaten, nämlich die angebliche Ermordung der Juden und die angebliche Verschleppung der Polen.« Kein Wunder, die beiden Geschwister bezeichnen den systematischen Massenmord an der jüdischen Bevölkerung als das »fürchterlichste Verbrechen an der Würde des Menschen« und geben auch all denjenigen eine Mitschuld an den Geschehnissen, die dazu beigetragen haben, dass ein solcher Gewaltstaat überhaupt entstehen konnte – und die trotz aller Beweise weiter schweigen. So machen die Studenten unmissverständlich darauf aufmerksam, dass es gegenüber dem Unrecht keine neutrale Haltung gibt: Entweder ich unterstütze das System, oder ich kämpfe dagegen an. Mit anderen Worten: »Wer schweigt, stimmt zu.«

Sophies Hoffnung, ihr Tod könne eine Signalwirkung haben und Tausende von Menschen wachrütteln, bewahrheitet sich auf unerwartete Weise. Das sechste Flugblatt der Widerstandsgruppe gelangt nämlich nach Großbritannien, wird dort nachgedruckt und als posthume Botschaft der Märtyrer von englischen Flugzeugen im Herbst 1943 über ganz Deutschland abgeworfen. Zudem lässt der Sender BBC den Text mehrfach im Radio verlesen. Auch deshalb gilt die Widerstandsgruppe »Weiße Rose« – deren Name laut Hans Scholl eher willkürlich gewählt wurde – bis heute als eindrückliches Symbol für den Widerstand gegen Adolf Hitler.

Was hat Sophie geprägt, dass sie schon in jungen Jahren ein solches Gespür für das Unrecht entwickelte, das um sie herum geschah? Prägend für ihre Haltung sind sicherlich der christliche Glaube ihrer Mutter, einer ehemaligen Diakonisse, und der Pazifismus ihres Vaters, eines Schuldirektors, der den Krieg aus ganzem Herzen verachtet.

Während ihrer Kindheit in Forchtenberg, Ludwigsburg und Ulm erlebt die Heranwachsende den zunehmenden Konflikt zwischen diesen Idealen und der faschistischen Ideologie. Sophie ist zwar ab 1934 im nationalsozialistischen BDM (»Bund Deutscher Mädel«) aktiv und genießt es auch, als Scharführerin ihre Gruppen zu Mutproben und Härtetests herauszufordern – wendet sich dann aber der »Bündischen Jugend« zu, die versucht, eine von den Nazis unabhängige Jugendarbeit anzubieten. Diese Abwendung geschieht nicht zuletzt, weil ihrer Freundin Luise, einer Jüdin, verboten wird, dem BDM beizutreten.

Wenig später, 1937, lernt sie als 16-Jährige bei einer Tanzveranstaltung Fritz Hartnagel kennen, mit dem sie sich später verlobt und auch für kurze Zeit zusammenlebt. Nach ihrem Abitur beginnt Sophie dann 1940 eine Ausbildung zur Kindergärtnerin in Ulm und absolviert dazu im Fröbel-Seminar ein Praktikum in einem Kindersanatorium. Da diese Ausbildung aber nicht, wie gehofft, als »Reichsarbeitsdienst« anerkannt wird (zu dem damals jeder Schulabgänger verpflichtet ist), geht sie im Frühjahr 1941 nach Krauchenwies, wo sie in der Landwirtschaft mitarbeitet. Nach einem weiteren Einsatz für den Kriegshilfsdienst erhält Sophie schließlich die Erlaubnis, in München zu studieren.

In den Briefen an ihren Verlobten Fritz, der später ihre Schwester heiraten wird, erwähnt Sophie mehrfach, wie sehr sie sich nach konkreteren Gotteserfahrungen sehnt – während sie sich zugleich wie der Kirchenvater Augustinus als eine Suchende versteht, die ihren Platz in der Welt erst noch finden muss. Vielleicht hat sie deshalb einmal in einem Gebet geschrieben: »Wie ein dürrer Sand ist meine Seele, wenn ich zu Dir beten möchte, nichts anderes fühlend als ihre eigene Unfruchtbarkeit. Mein Gott, verwandle Du diesen Boden in eine gute Erde, damit Dein Same nicht umsonst in sie falle.«

Ihr Gebet wurde erhört. Für die Gemeinschaft der »Weißen Rose« wurde der christliche Glaube – und damit das Vertrauen auf Werte, die kostbarer sind als jede Ideologie – zum Samen, der in den Studenten eine Hoffnung wachsen ließ, die selbst den Tod nicht fürchtet.

»Ich bin nach wie vor der Meinung, das Beste getan zu haben, was ich gerade jetzt für mein Volk tun konnte. Ich bereue deshalb meine Handlungsweise nicht und will die Folgen, die mir aus meiner Handlungsweise erwachsen, auf mich nehmen.«

Christian FÜHRER

1943–2014

Der Volkskammerpräsident der DDR, Horst Sindermann, erklärte im Rückblick auf den Fall der innerdeutschen Mauer: »Mit allem haben wir gerechnet … nur nicht mit Kerzen und Gebeten.« Damit beantwortete er die von kritischen Zeitgenossen gerne gestellte Frage, ob Kerzen und Gebete denn wirklich die Kraft hätten, die Welt zu verändern. Ja, das haben sie. Und dass sie es getan haben, nennt eine der Leitfiguren der Revolution von 1989, der Leipziger Pfarrer Christian Führer, »ein Wunder biblischen Ausmaßes«.

In diesem Wunder offenbart sich ein weiteres wichtiges Merkmal weltverändernder Prozesse: Einen schier übermächtigen Gegner kann man in der Regel nicht mit dessen eigenen Waffen schlagen. Darin ist er zu versiert. Nein, so wie schon David in der Bibel den kriegserprobten Hünen Goliath nicht mit dem Schwert, sondern mit einer einfachen Steinschleuder – der Waffe eines Hirten – überwindet, setzen viele »Systemsprenger« ebenfalls auf ihre individuellen Stärken und schlagen die Herausforderer mit Vorgehensweisen, mit denen diese überhaupt nicht rechnen: Martin Luther (Seite 18) erkennt die für heilig befundenen Autoritäten seiner Zeit einfach nicht mehr an, Schwarze bestreiken den Nahverkehr (Seite 50), Gandhi organisiert einen Marsch durch Indien (Seite 98), Edward Snowden veröffentlicht Insiderwissen

(Seite 174), Greta Thunberg beschließt, so lange freitags während ihrer Schulzeit zu demonstrieren, bis die Gesellschaft etwas gegen den Klimawandel tut (Seite 190), und Malala Yousafzai macht einen Podcast, der die frauenverachtende Haltung der Taliban anprangert (Seite 114).

In jedem dieser Fälle kommt es dazu, dass die herrschenden Institutionen verdutzt erkennen müssen, dass ihre bewährten Abwehrmechanismen nicht mehr funktionieren. Wie will man einen Busstreik bekämpfen? Mit Zwangsfahrten? Und wer würde Schulkinder gewaltsam auseinandertreiben, die bei »Fridays for Future« friedlich darauf hinweisen, dass es ihre Zukunft ist, die da gerade zerstört wird?

Auch die Regierung der DDR erlebt einen solchen Moment der Irritation – und zwar auf spektakuläre Weise –, als am Abend des 9. Oktobers 1989 in der Leipziger Innenstadt rund 70 000 Menschen zusammenkommen, um dem von vielen ungeliebten DDR-Regime deutlich zu machen: »Wir sind das Volk.« Das heißt: »Die Macht liegt bei uns. Und wir lassen uns nicht länger vorschreiben, wie wir unser Leben zu gestalten haben. Wir haben keine Lust mehr, in einer Angstkultur zu leben, in der jedes vermeintlich kritische Wort von Spitzeln der Staatssicherheit abgehört und gegen einen verwendet wird.«

Natürlich ist die Staatsmacht vorbereitet. Sie weiß, dass diese Woche zahlreiche Menschen zusammenkommen werden. Darum verkündet sie schon vorab auf allen Kanälen: »Wer an diesem Montag in die Innenstadt geht, der gibt sich als Staatsfeind zu erkennen.« In den Akten der Volkspolizei heißt es zudem: »Das Ziel des Einsatzes besteht in der Auflösung rechtswidriger Menschenansammlungen.« Dass eine solche »Auflösung« kaum unblutig vonstattengehen kann, ist allen bewusst: In den Krankenhäusern werden Betten frei gemacht und zusätzliche Blutkonserven organisiert. Mehr als 8000 Einsatzkräfte stehen bereit, um der nicht genehmigten Demonstration ein Ende zu bereiten, und 600 Vertreter der Staatsmacht versammeln sich schon am frühen Nachmittag in Zivil in der zentralen Nikolaikirche: Soldaten der Nationalen Volksarmee, Stasi-Vertreter und Leute aus dem SED-Parteikader. Doch obwohl die Eingangsstraßen nach Leipzig streng kontrolliert werden, sind um 17 Uhr alle 4 Innenstadt-Kirchen mit Demonstranten gefüllt.

Christian Führer, der als »Pfarrer mit der Jeansweste« bekannt wird, ist einer der Seelsorger, die an diesem Abend den friedlichen Geist der Demonstration beschwören. Denn die Angst unter den Aktivisten ist groß. Erst zwei Tage zuvor sind in Ost-Berlin viele Teilnehmerinnen und Teilnehmer eines Protestmarsches brutal zusammengeknüppelt worden. Und es gehen Gerüchte um, die Polizei sei diesmal bereit, Schusswaffen einzusetzen. Deshalb lautet die Botschaft in den Kirchen: »Keine Gewalt.«

Aber es geht den Anführern der Proteste nicht bloß darum, die Polizei nicht zu provozieren. Vor allem orientieren sie sich an der Bergpredigt Jesu: »Selig sind, die

Frieden stiften.« Oder wie der Apostel Paulus es später ausdrücken wird: »Das Böse kann man nur mit Gutem überwinden.« Dann ziehen die Menschen los. Sie haben Kerzen dabei, sie rufen »Wir sind das Volk!«, sie singen den Spiritual »We Shall Overcome« (»Wir werden das überwinden!«) und sie skandieren: »Keine Gewalt! Keine Gewalt!« Die Polizei, die angewiesen ist, beim geringsten Anzeichen von Ausschreitungen aggressiv gegen die Demonstranten vorzugehen, weiß nicht, was sie tun soll: Die Demonstranten sind und bleiben friedlich. Absolut friedlich. Sie erweisen sich nicht als die von der Regierung angekündigten Randalierer oder der wütende Mob, der einen Aufstand plant. Und wer wagt es, einen Schießbefehl gegen Menschen zu erteilen, die erkennbar friedfertig durch die Stadt laufen?

Die Demonstrationen des 9. Oktobers 1989 sind der entscheidende Durchbruch der friedlichen Revolution: Genau vier Wochen später fällt in Berlin die Mauer, und der Weg zur Wiedervereinigung Deutschlands ist frei.

Christian Führer schreibt später: »Damals war für mich ein Wort aus dem Hebräerbrief ganz wichtig: Wir gehören nicht zu denen, die zurückweichen.« Umso mehr stellt sich die Frage: Wer ist dieser Mann, der es wagte, einer zu Gewalt bereiten Staatsführung mit Kerzen und Gebeten entgegenzutreten? Als Sprössling einer Pfarrersdynastie studiert er Theologie (lustigerweise an der Karl-Marx-Universität in Leipzig) und wird, nach einer

Station in einer Landgemeinde, Pfarrer der Leipziger Nikolaikirche, in der sich Friedensaktivisten seit 1982 jeden Montag treffen, um gegen das Wettrüsten von Ost und West zu beten. Und schon diese regelmäßigen Treffen erwecken den Unwillen der staatlichen Institutionen: »Das sind keine Friedensgebete, das sind konterrevolutionäre Machenschaften.« Eine nachvollziehbare Sorge, denn die wöchentlichen Gebete ziehen vor allem junge, progressive Menschen an; kritische Geister, die sich freuen, dass es einen Ort gibt, an dem jede und jeder sagen darf, was sie oder er denkt.

Zusätzlich zu diesen Friedensgebeten, deren Leitung die Kirchengemeinde bald von den Menschenrechtsgruppen übernimmt, bietet Christian Führer noch einen Gesprächskreis mit dem Titel »Hoffnung für Ausreisewillige« an, was das Regime natürlich als weiteren Affront versteht. Und dann, Anfang September 1989, passiert es zum 1. Mal, dass nach dem Friedensgebet die rund 1000 Versammelten vor der Kirche anfangen, ihrem Unmut Luft zu machen und Slogans wie »Reisefreiheit statt Massenflucht« zu rufen. Aus den Montagsgebeten werden die Montagsdemonstrationen, an denen nach vier Wochen schon Zehntausende teilnehmen.

Christian Führer selbst bringt im Nachhinein immer wieder sein Erstaunen darüber zum Ausdruck, dass es die einfache biblische Botschaft vom Frieden ist, die am 9. Oktober den Unterschied macht – und die dafür sorgt, dass sich statt eines blutigen Massakers eine friedliche Wende ereignet.

Der Stasi fällt es übrigens von Anfang an schwer, diesen subversiven Mann einzuschätzen. Einerseits hat der Pfarrer zum 30. Jahrestag der DDR in einer Predigt deutlich gesagt: »Glaubt ihr nicht, so werdet ihr untergehen«, was im Verständnis der sozialistisch-atheistischen Oberen einem Aufruf zum Staatsstreich schon sehr nahekommt; andererseits erwiesen sich alle Verdächtigungen, der Pfarrer könnte einen Umsturz planen, als nicht nachweisbar. Natürlich: weil die Kraft von Kerzen und Gebeten nicht in das Denkschema der Stasi passt.

Auch nach seiner Pensionierung 2008 setzte sich Christian Führer für Frieden, Gerechtigkeit und die Überwindung eines allzu brutalen Kapitalismus ein. Doch vor allem steht sein Name dafür, dass Liebe stärker ist als Gewalt.

Wir gehören nicht zu denen,
die zurückweichen.

Hebräer 10,39

Mahatma GANDHI

MOHANDAS GANDHI
1869–1948

Mohandas Gandhi ist und bleibt für viele der Weltveränderer schlechthin. Der liebevoll lächelnde Revoluzzer gilt als Pionier des gewaltfreien Widerstands und inspiriert andere Weltveränderer überall auf dem Globus: von Martin Luther King (Seite 50) über Nelson Mandela (Seite 58), den Dalai-Lama (Seite 106) und Aung San Suu Kyi (Seite 198) bis hin zu Dietrich Bonhoeffer (Seite 66), der sogar eine Zeit lang überlegt, den berühmten Dickschädel in dessen »Aschram«, einem klosterähnlichen Meditationszentrum, zu besuchen. Dass diese Menschen und viele andere sich als Gandhis Erben verstehen, hat mit der bedingungslosen Friedensethik des indischen »Vaters der Nation« zu tun, die er in dem signifikanten Satz zusammenfasst: »Es gibt keinen Weg zum Frieden – Frieden ist der Weg.« Mit anderen Worten: Der Versuch, Frieden mit Gewalt herzustellen, ist ein Widerspruch in sich. Wer Frieden erringen will, der muss selbst friedfertig sein. Und tatsächlich beweist der friedvolle Streiter, dass ein Mensch mit einer solchen Haltung einen kompletten Staatsapparat, nämlich den der englischen Besatzungsmacht, zu Fall bringen kann.

Gandhi nennt seine Grundhaltung des gewaltfreien Widerstands »Satyagraha« (wörtlich: »Festhalten an der Wahrheit«, gemeint ist auch: »Die Wahrheit wird sich durchsetzen«), weil er der Auffassung ist: Es geht nicht darum, andere Menschen zu besiegen, sondern darum, sie zu überzeugen. Schließlich lehren Geschichte und Erfahrung, dass ein Appell an das Gewissen oder den gesunden Menschenverstand meist deutlich wirkungsvoller ist als die Androhung von Gewalt.

Besonders eindrücklich für all diejenigen, die sich an Gandhis Grundhaltung orientieren, ist dessen persönliche Hingabe an diese Ideale. Für den Rechtsanwalt gehört zum »Festhalten an der Wahrheit« nämlich die Bereitschaft des Einzelnen, das, was man als richtig erkannt hat, auch zu leben. Um es mit seinen Worten zu sagen: »Sei du selbst die Veränderung, die du dir wünschst für diese Welt.«

Gandhi ist überzeugt: Wenn eine Wahrheit tatsächlich relevant ist, dann kann ein leidenschaftlicher Anhänger dieser Wahrheit nicht anders, als sie bedingungslos umzusetzen. In diesem Sinne wäre es beispielsweise undenkbar, dass ein Mensch sich für den Umweltschutz ausspricht, aber nicht daran denkt, seinen Müll zu trennen.

Zu den »Elf Selbstverpflichtungen«, die der Kämpfer für die Unabhängigkeit Indiens als Regeln für seinen Aschram formuliert, gehören deshalb neben Werten wie »Gewaltlosigkeit« und »Liebe zur Wahrheit« auch »Vegetarische Ernährung«, »Gleichheit der Religionen«, »Verwendung inländischer Produkte« und »Furchtlosigkeit«. Ja, Gandhi entscheidet sich sogar für die »Keuschheit«, obwohl er seit seinem 13. Lebensjahr, zu diesem Zeitpunkt also schon mehr als 20 Jahre, mit

Kasturba Makthaji verheiratet ist. Warum? Weil er seine sexuelle Energie lieber in spirituelle Energie verwandeln möchte.

Dieses bedingungslose Einswerden mit seinen Überzeugungen bringt Mohandas Gandhi den Titel »Mahatma« (die »große Seele«) ein – eine Ehrung, die er persönlich eher skeptisch sieht. Schließlich geht es ihm um »Wahrheit«, nicht um einen Personenkult. Trotzdem kann er nicht verhindern, dass in den Blütezeiten der indischen Unabhängigkeitsbewegung überall im Land Theaterstücke aufgeführt werden, die ihn als Halbgott oder als Wiedergeburt der wichtigsten historischen Anführer Indiens präsentieren.

Gandhi verschreibt sein Leben dem Kampf für die Unabhängigkeit Indiens von der britischen Kolonialmacht, unter deren Herrschaft das Land zu einem Ausbeutungsobjekt verkommen ist. Der »großen Seele Gandhi« gelingt es, dieser trostlosen Lage seine Vision von einem freien indischen Staat entgegenzuhalten, die er regelmäßig mit spektakulären Aktionen lebendig werden lässt: Um die Abhängigkeit der Inder von den englischen Textilimporten anzuprangern, empfiehlt er seinen Landsleuten zum Beispiel, sich eigene Spinnräder zu besorgen, und gewöhnt sich auch selbst an – sogar in öffentlichen Versammlungen –, Fäden zu spinnen. Bald wird das Spinnrad zum Symbol der indischen Unabhängigkeit und prangt bis heute stolz auf der indischen Flagge.

1920 startet Gandhi die »Kampagne der Nichtkooperation«, in der er die Inderinnen und Inder, die in britischen Firmen arbeiten oder von den Briten geförderte Schulen und Universitäten besuchen, auffordert, zu Hause zu bleiben. Der größte Teil der Menschen folgt seinem Aufruf – und die Briten merken bald, dass man mit 100 000 Besatzern kein Volk von 300 Millionen beherrschen kann, wenn dieses sich verweigert. Es kommt zu einer deutlichen Verbesserung der Zustände: Steuern werden ausgesetzt, politische Gefangene kommen frei, und beschlagnahmter Besitz wird zurückerstattet.

1930 kreiert Gandhi dann seine berühmteste Kampagne: Als die britische Regierung seine Briefe mit der Bitte, endlich mit dem indischen Nationalkongress über die Unabhängigkeit Indiens zu verhandeln, nicht einmal beantwortet, nimmt sich der Kämpfer die Salzsteuer vor, ein besonders perfides Instrument britischer Unterdrückung: Indischen Bürgerinnen und Bürgern ist es damals nämlich verboten, Salz selbst herzustellen oder zu verkaufen. Also müssen sie es bei den Briten erwerben, die eine hohe Steuer dafür kassieren.

Gandhi ruft zu einem 388 Kilometer langen »Salzmarsch« auf, auf dem ihn Tausende Inder begleiten und der weltweit ein gewaltiges Medienecho auslöst. Zudem fordert Gandhi seine Landsleute auf, sich nicht länger an das Verbot der Salzproduktion und des Salzhandels zu halten – und die Menschen fangen an, überall Schüsseln mit Salzwasser in die Sonne zu stellen, bis das Wasser verdunstet ist und das Salz zurückbleibt.

Was für ein Zeichen! Zwar werden infolge dieses Marsches mehr als 60 000 Personen von den Briten verhaftet, aber 1931 geht die Salzproduktion tatsächlich in die Hand der Inder über. Gandhi hat sich mit seinem gewaltfreien Protest durchgesetzt. Wieder einmal. Der »Salzmarsch« gilt inzwischen als der entscheidende Durchbruch im Kampf um die indische Unabhängigkeit.

1932 wird »der halb nackte Fakir«, wie der britische Premierminister Winston Churchill ihn erbost nennt, verhaftet, woraufhin er mit seinem ersten »Fasten bis zum Tod« beginnt, einem radikalen Hungerstreik, der den Briten deutlich machen soll, dass die Inder zum Äußersten entschlossen sind – und der erneut radikalen Protest mit Gewaltlosigkeit zusammenbringt. Die vielen spektakulären »Satyagraha«-Aktionen führen schließlich zum Erfolg: Im August 1947 endet die fast 90 Jahre währende britische Kolonialherrschaft über Indien.

Mohandas Gandhi entstammt ursprünglich der Oberschicht seines Landes, wird aber – wegen seines Wunsches, in Großbritannien Jura zu studieren – aus seiner Kaste ausgeschlossen und gilt seither als Kastenloser. Weil seine juristische Karriere in London nicht so richtig in Schwung kommt, geht er 1894 nach Südafrika, wo zahlreiche Inder leben, für deren Rechte er einzutreten beginnt. Als er wegen seiner indischen Herkunft aus einem Eisenbahnabteil geworfen wird, erlebt Gandhi dann am eigenen Leib, was es bedeutet, als Mensch zweiter Klasse behandelt zu werden. Diese Erfahrung trägt entscheidend dazu bei, dass er sich später nicht nur für die Stärkung der Kaste der sogenannten Unberührbaren einsetzt, sondern auch für den Frieden zwischen den Religionen – Gleichheit der Religionen ist einer seiner Elf Punkte. Allerdings kann er nicht verhindern, dass im Zuge des Unabhängigkeitsprozesses das mehrheitlich muslimische Pakistan vom hinduistischen Indien getrennt wird. Ein Umstand, der einen Hindu-Nationalisten dazu bringt, den »Anwalt des Friedens« 1948, kurz nach der Teilung des Landes, zu ermorden.

Dass Gewaltfreiheit gewaltiger sein kann als Gewalt, hat der kleine Mann mit der runden Brille eindrucksvoll vorgeführt. Gandhi war von einem universellen Wunsch nach Frieden beseelt, der über alle Grenzen von Nationen, Kasten und Geschlechtern hinausging. Ja, selbst seine Sicht auf Gott war von einer Weite bestimmt, die kleinliche religiöse und konfessionelle Beschränkungen überwinden konnte: »Alles, was ich sehe, ist, dass sich Leben inmitten des Todes behauptet, die Wahrheit inmitten der Unwahrheit und das Licht inmitten der Dunkelheit. Daraus entnehme ich, dass Gott das Leben ist, die Wahrheit und das Licht. Und er ist Liebe. Er ist das höchste Gut.«

»Der Schwache kann
nicht verzeihen.
Verzeihen ist eine
Eigenschaft des Starken.«

»Zuerst ignorieren sie dich,
dann lachen sie über dich,
dann bekämpfen sie dich …
… und dann gewinnst du.«

Dalai-LAMA

TENZIN GYATSO
***1935**

Hat Tenzin Gyatso, der 14. Dalai-Lama, die Welt verändert? Nun, wenn man sein ursprüngliches Ziel betrachtet, die Befreiung Tibets von den chinesischen Besatzern, dann muss man sagen: Nein, das hat er nicht geschafft! Leider. Trotzdem gilt der sympathische Mönch mit dem markanten Grinsen als Popstar der Weltreligionen – gerade wegen seines gewaltfreien Widerstands. Er schreibt einen spirituellen Weltbestseller nach dem anderen, trägt den honorigen Titel »Ozean der Weisheit« und hat dem Buddhismus in den westlichen Kulturen zu einem wahren Boom verholfen.

Darüber hinaus wird Tenzin Gyatso für seine Bemühungen um die Beilegung des Tibet-Konflikts 1989 mit dem Friedensnobelpreis ausgezeichnet – obwohl er seine geliebte Heimat damals schon lange nicht mehr betreten darf und seit 30 Jahren in Indien im Exil lebt. In seiner Rede zur Preisverleihung erklärt der Dalai-Lama freundlich: »Ich bin niemand Besonderes. Aber ich glaube, dieser Preis ist eine Anerkennung für den wahren Wert von Uneigennützigkeit, Liebe, Mitgefühl und Gewaltlosigkeit, die ich in Übereinstimmung mit den Lehren Buddhas und den großen Weisen Indiens und Tibets zu praktizieren versuche.«

Genau in diesem Sinne ist Tenzin Gyatso dann wohl doch ein Weltveränderer, weil er – unabhängig von jedem politischen Erfolg – Millionen von Menschen mit seiner Botschaft von der Liebe und einem friedfertigen Miteinander berührt: »Versuchen wir, das Beste eines jeden Menschen zu erkennen, den anderen im bestmöglichen Licht zu sehen. Diese Einstellung erzeugt sofort ein Gefühl der Nähe, eine Art Geneigtheit, eine Verbindung.« Vor allem aber ist er ein Mensch, der immer wieder betont, dass die besten Absichten nichts nützen, wenn man sie nicht in die Tat umsetzt: »Wissen und nichts tun ist wie nicht wissen.«

1935 wird Tenzin Gyatso in Taktser, einem tibetischen Bergdorf, geboren. Damals heißt er noch Lhamo Döndrub. Das Leben des kleinen Lhamo wird allerdings bald auf den Kopf gestellt, denn nur zwei Jahre nach seiner Geburt geschieht etwas Unfassbares: 4 Mönche stehen vor der Tür der Großfamilie mit ihren 16 Kindern und erklären, eine Vision ihres Regenten sowie verschiedene Orakelsprüche hätten sie hierhergeführt. Es könne sein, dass dieser kleine Junge da, der die Gäste mit großen Augen anschaut – gemeint ist Lhamo –, die Wiedergeburt des Dalai-Lama ist, des Schutzheiligen von Tibet.

Dazu muss man wissen: Diesen Titel erhielt als Erster der spirituelle Lehrer Sönam Gyatsho im Jahr 1578. Die religiösen Oberhäupter waren damals sicher, dass sich in ihm ein »Bodhisattva«, ein erleuchtetes Wesen (in diesem Fall der »Bodhisattva des Mitgefühls«), inkarniert habe, um seinem Volk zu helfen. Im Buddhismus gilt der Kreislauf des Lebens, also die ständige Wiedergeburt, ja als etwas Negatives. Nur den »Erleuchteten« gelingt es, ihn zu überwinden. Dennoch ist es möglich, dass ein Erleuchteter aus reiner Nächstenliebe auf die Erde zurückkehrt, um den Menschen beizustehen. So wie der Geist des Dalai-Lama, der in wechselnder Gestalt wiedergeboren wird. Darum wird er auch mit »Eure Heiligkeit« angesprochen.

Nun stand also die Frage im Raum: Ist dieser 2-jährige Junge tatsächlich die Wiedergeburt des 1933 verstorbenen 13. Dalai-Lama? Und siehe da: In einem Test erkennt der Kleine nicht nur spontan einen als Diener verkleideten Würdenträger, er wählt auch unter mehreren vor ihm ausgelegten Gegenständen genau diejenigen aus, die seinem Vorgänger gehört haben. Wenn das keine Beweise sind!

1940 wird Lhamo Döndrub als 4-Jähriger im Rahmen des tibetischen Neujahrsfestes als 14. Dalai-Lama inthronisiert und erhält den klangvollen Namen Jetsün Jampel Ngawang Lobsang Yeshe Tenzin Gyatso (»Heiliger Herr, gütiger Herr, mitfühlender Verteidiger des Glaubens, Ozean der Weisheit«). Und weil das geistliche Oberhaupt Tibets in alter Tradition auch die Regierung des Landes anführt, wird der Dalai-Lama mit 15 Jahren zugleich Staatsoberhaupt. Eine Aufgabe, die deshalb brisant ist, weil im gleichen Jahr die kommunistische Volksrepublik China in den abgelegenen Bergstaat einmarschiert – angeblich, um das Land zu befreien.

Einige Jahre lang versucht Tenzin Gyatso, mit den Besatzern zu kooperieren: Er reist nach Peking, wird dort Abgeordneter und Mitglied in wichtigen chinesischen Gremien und lässt sich im Gegenzug einen prachtvollen Amtssitz finanzieren. Doch der Unmut unter den Tibetern wächst und mündet 1959 in einen Volksaufstand, einen Aufruhr, den die chinesische Regierung mit aller Härte bekämpft: Städte und Dörfer werden bombardiert, es kommt zu Folterungen und Massakern, und die Klöster und Tempel des Landes werden konsequent zerstört. Am Ende muss der Dalai-Lama erkennen, dass seine diplomatischen Versuche gescheitert sind. Es bleibt ihm nichts anderes übrig, als zu fliehen und ins Exil zu gehen, das ihm das indische Staatsoberhaupt Jawaharlal Nehru gewährt.

Trotz der brutalen Niederschlagung des Aufstands erklärt der Dalai-Lama: »Ich versuche, allen Menschen gegenüber aufrichtig zu sein, selbst den Chinesen gegenüber. Wenn ich Feindseligkeit, Zorn oder Hass entwickle, wer ist dann der Leidtragende? Ich verliere meine Zufriedenheit, meinen Schlaf und meinen Appetit, aber die Chinesen stören meine Gefühle nicht im Geringsten.« Diese Worte sind beeindruckend, und sie zeigen etwas, das viele Weltveränderer gemeinsam haben: die Fähigkeit, persönliche Hass- und Rachegedanken zu überwinden und selbst auf Gegner konstruktiv zuzugehen.

Im Exil erstellt Tenzin Gyatso einen Fünf-Punkte-Friedensplan für Tibet, der die Situation auf dem »Dach der Welt« verbessern soll. Dieser umfasst: »Die Umwandlung Tibets in eine Zone des Friedens«, »Die Achtung der fundamentalen Menschenrechte und der demokratischen Freiheiten des tibetischen Volkes«, »Das Ende der chinesischen Umsiedlungspolitik«, »Die Aufnahme von ernsthaften Verhandlungen zwischen China und Tibet« und »Die Sanierung und der Schutz der Umwelt Tibets«, da die Chinesen die abgeschlossene Region gerne für die Herstellung von Nuklearwaffen und die Lagerung von radioaktivem Abfall nutzen. Diese letzte Forderung führt dazu, dass der Dalai-Lama zum ersten Nobelpreisträger wird, der nicht nur für seine Bemühungen um den Frieden, sondern auch für seine Sorge um die Umwelt ausgezeichnet wird. Allerdings bleibt es dabei: Bis heute erkennt keine Regierung der Welt Tibet als Land an – aus Angst, sich damit die chinesischen Machthaber zum Feind zu machen.

2011 tritt Tenzin Gyatso von seinen politischen Ämtern zurück, damit demokratisch gewählte Volksvertreter seine Aufgaben übernehmen können. Vor allem, weil er spürt, dass sein Kurs des friedlichen Widerstands, von dem er nicht abweichen möchte, in Tibet immer öfter infrage gestellt wird. Doch auch ohne politisches Amt begeistert er bis heute Menschen rund um den Erdball.

Neben seinem politischen und ökologischen Bemühen setzt sich der Dalai-Lama auch auf anderen Feldern für Versöhnung ein. So sieht er etwa im oft schwierigen Verhältnis zwischen Glaube und Wissenschaft keinen Widerspruch, im Gegenteil: »Die grundsätzliche Haltung, die von Buddhismus und Wissenschaft geteilt wird, sind das Engagement für die Wahrheitssuche auf empirischer Grundlage und die Bereitschaft, sich von lange gehegten, allgemein anerkannten Ansichten zu trennen, wenn wir bei unserer Suche herausfinden, dass die Wahrheit eine andere ist.«

Auch im interreligiösen Dialog schlägt er versöhnliche Töne an. Etwa wenn er darauf hinweist, dass es keinen Grund zu Querelen zwischen Christen und Buddhisten gibt – schließlich verbinde beide Religionen mehr, als sie voneinander trennt. Wichtiger als alle Glaubenssätze ist ihm die Ethik, die aus dem religiösen Bewusstsein erfolgt: »Veränderung wird nur hervorgerufen durch aktives Handeln, nicht durch Meditation oder Beten allein.« Sprich: Statt sich zu fragen, ob ein Glaube wahr oder unwahr ist, kann es viel sinnvoller sein, danach zu schauen, was er mit seinen Anhängern macht und ob er die Kraft besitzt, ihr Verhalten positiv zu beeinflussen.

Wer sich das Leben des Dalai-Lama anschaut, der erkennt, dass Erfolg nicht davon abhängt, ob ein Mensch bestimmte Ziele erreicht, sondern ob er die Werte, die ihn zu diesem Ziel führen sollen, im Hier und Jetzt lebt. Weil Werte eben unabhängig von jeder Realisierung gültig sind. In diesem Sinne hat der 14. Dalai-Lama die Welt doch ein wenig hellsichtiger gemacht.

»Ich kenne keine Feinde. Es gibt nur Menschen, die ich noch nicht kennengelernt habe.«[4]

Malala YOUSAFZAI

*1997

Als hätte ihr Vater geahnt, was einmal aus ihr werden würde – oder als hätte er den Wunsch dazu schon immer in sich getragen –, nennt der Pädagoge und Menschenrechtler Ziauddin Yousafzai seine Tochter Malala, nach der afghanischen Volksheldin Malalai von Maiwand, die 1880 die aufständischen Paschtunen in der Schlacht gegen die britischen Truppen anführt. Doch Malala ist nicht nur der Name einer starken Frau, er bedeutet auch »voller Schmerzen«. Und gerade dieser Aspekt ihres Namens wird sich für Malala bewahrheiten.

Pakistan 2007: Malala ist zehn Jahre alt, als die radikalen Taliban in großen Teilen des Landes die Macht übernehmen. Und das Mädchen erlebt, wie um sie herum die Welt zusammenbricht: Die Taliban verbieten nämlich nicht nur jede Form von Musik, sondern auch das Tanzen und Fernsehen. Frauen dürfen nicht mehr alleine einkaufen gehen – und vor allem dürfen sie keine Schule besuchen. Eine Katastrophe, denn Malalas Heimatregion, das Swattal, ist ohnehin von Armut und einer hohen Analphabetenquote geplagt.

Später wird die Heranwachsende sagen: »Es gibt einen Moment, in dem du dich entscheiden musst, still zu sein oder aufzustehen.« Dieser Moment kommt für sie schon sehr früh – und Malala schweigt nicht: Als ein mit der Familie befreundeter Journalist der BBC nach einer betroffenen Schülerin sucht, die von den desaströsen Zuständen berichten kann, meldet sie sich und schreibt einen Blog über ihren Alltag in einer Gesellschaft, in der Frauen und Mädchen brutal unterdrückt werden. Um anonym zu bleiben, tarnt sie sich dabei mit dem Pseudonym »Gul Makai« (»Kornblume«), dem Namen einer paschtunischen Märchenfigur. Die Posts von »Gul Makai«, in denen Malala (angeregt vom *Tagebuch der Anne Frank*) ein Recht auf Bildung für alle fordert, finden große Verbreitung. In der englischen Übersetzung verfolgen Menschen weltweit den Blog der gerade Elfjährigen und werden so aufmerksam auf das Leid, das die muslimischen Fundamentalisten anrichten.

Kein Wunder, dass die Taliban immer wütender nach der Autorin suchen. Doch sie sind nicht die Einzigen, die sich Malala zum Feind macht: Bis heute sind empörte konservative Kreise im Land überzeugt, Malala sei eine vom Westen finanzierte Agentin, die nur darauf angesetzt wurde, den Ruf Pakistans zu zerstören.

Die pakistanische Regierung dagegen, die verzweifelt versucht, die Taliban wieder aus dem Land zu vertreiben, verleiht Malala 2011 den eigens für sie gestifteten Nationalen Friedenspreis der Jugend. Eine noble Geste … und leider eine mit verheerenden Folgen: Denn damit ist Malalas Identität aufgedeckt, und die Taliban beginnen mit der Jagd auf die Jugendliche, obwohl sie inzwischen aus der Region vertrieben wurden. Am 9. Oktober 2012 geschieht es dann: Zwei Männer lauern dem Schulbus

Malalas auf und schießen der inzwischen 15-Jährigen in den Kopf.

Malala überlebt, doch die Verletzungen sind so schwer, dass sie erst aus der Provinzhauptstadt Peschawar in die Metropole Islamabad und dann nach Birmingham in Großbritannien verlegt wird, wo es im Militärkrankenhaus eine Spezialabteilung für Schussverletzungen und Kopfwunden gibt.

Und das Unfassbare geschieht: Drei Monate nach dem grauenerregenden Überfall ist die junge Heldin wieder gesund – und längst eine internationale Symbolfigur für den Kampf gegen die Benachteiligung von Frauen und für die Sehnsucht nach Freiheit. Das *Time magazine* ernennt den Teenager 2012 zur weltweit zweitwichtigsten Person – knapp hinter dem amerikanischen Präsidenten Barack Obama. Und die Zuschauerinnen und Zuschauer des Senders CNN wählen sie zur »Faszinierendsten Frau des Jahres«.

Als Malala an ihrem 16. Geburtstag vor der Jugendversammlung der Vereinten Nationen spricht, beschreibt sie ihre Erfahrungen so: »Am 9. Oktober 2012 haben die Taliban auf mich geschossen und meine linke Stirn getroffen. Sie haben gedacht, dass die Kugeln mich zum Schweigen bringen würden, dass sie mich meine Ziele aus dem Blick verlieren lassen und meinen Ehrgeiz stoppen könnten. Aber die Kugeln haben nichts verändert, mit einer Ausnahme: Schwäche, Angst und Hoffnungslosigkeit sind verschwunden, Stärke, Kraft und Mut sind gewachsen.«[5]

Ihre Geschichte und ihre bewegende Rede bringen so viele Menschen ins Nachdenken, dass Malala 2014, mit 17 Jahren, mit dem Friedensnobelpreis ausgezeichnet wird – womit sie die jüngste Preisträgerin in der Geschichte wird. Und die junge Frau weiß sofort, was sie mit dem Preisgeld von einer halben Million Dollar machen will: Sie investiert es in den Bau neuer Mädchenschulen in Pakistan. Natürlich!

In den Reden, die Malala während ihres Einsatzes für die Rechte von Frauen und Mädchen hält, wird immer wieder deutlich, was sie bewegt und antreibt. So sagt sie einmal: »Ich bin einfach nur eine engagierte und sture Person, die eine gute Ausbildung für alle Kinder, gleiche Rechte für Frauen und Frieden in jeder Ecke der Welt sehen will.«

Hier wird erkennbar, wie sehr sich die Schülerin über ihre Aufgabe definiert. Sie lebt, was sie glaubt! Wie schon mehrfach angedeutet: ein wesentliches Erkennungszeichen von Weltveränderern. Dazu kommt: Malala spürt, dass sie das Sprachrohr einer größeren Bewegung und Hoffnung ist. In ihr bündelt sich wie in einem Brennglas ein urmenschliches Verlangen nach Gleichheit und Gerechtigkeit, wird eine lange unterdrückte Sehnsucht wieder lebendig. Diese Erkenntnis macht sie demütig und selbstbewusst zugleich: »Obwohl ich nur ein 1,70 Meter großes Mädchen bin – meine High Heels dazugerechnet –, bin ich keine einsame Stimme, ich bin viele. Ich bin 66 Millionen Mädchen, denen man die Bildung verweigert.« Und noch ein drittes wesentliches

Merkmal der Weltveränderer wird bei Malala erkennbar. In einer Rede sagt sie: »Ich bin gegen niemanden, und mein Antrieb ist auch nicht die persönliche Rache an den Taliban oder irgendeiner anderen terroristischen Gruppe. Ich bin hier, um für das Recht auf Bildung für alle Kinder zu kämpfen.« Letztlich erweisen sich Weltveränderer – auch wenn sie zu den herrschenden Zuständen »Nein« sagen – nämlich immer als Menschen, die nicht *gegen* etwas sind, sondern *für* etwas. Sie lehnen den Ist-Zustand ab, weil sie den Traum und die Vision einer besseren Welt haben und diese konsequent anstreben. Die Welt verändert man nicht dadurch, dass man das Böse ablehnt, sondern dadurch, dass man an das Gute glaubt. Nur wer ein Ziel vor Augen hat, entwickelt auch leidenschaftliche Ideen für die Überwindung des Status quo. Weil es die Träume sind, die uns motivieren. Tatsächlich könnte es sein, dass eine Gesellschaft, die sich produktiv entwickeln möchte, als Erstes lernen muss, nicht über das Vorhandene zu jammern, sondern Visionen für starke Alternativen zu entwickeln.

Malala, die nach wie vor in Großbritannien lebt, hat 2020 erfolgreich ihr Studium der Philosophie, Politik und Wirtschaft in Oxford abgeschlossen. Sie ist weiterhin der festen Überzeugung: Der Schlüssel zu einer besseren Welt ist Bildung. Weil Menschen durch diese nachweislich größere Chancen haben, ihre Armut zu überwinden und die Gesellschaft aktiv mitzugestalten. Und weil Malala dafür kämpft, bekommen heute immer mehr Mädchen die Chance, ebenfalls zu Weltveränderern zu werden.

Florence NIGHTINGALE

1820–1910

Wer Mitte des 19. Jahrhunderts einen Arzt fragt, was eine gute Krankenschwester ausmacht, der erhält als Antwort meist die Phrase: »Ergebenheit und Gehorsam!« Den Medizinern dieser Zeit geht es nämlich vor allem darum, willige Helferinnen zu haben, die sie unterstützen und ihnen einfache Arbeiten abnehmen. Krankenschwestern sind – weil es in England noch keine Ausbildung zur Pflegerin gibt – deshalb auch meist ungelernte Hilfskräfte. Ein Umstand, der Florence Nightingale regelmäßig auf die Palme bringt; so wie das genannte Bild der ergebenen Helferin: »Diese Definition würde auf einen Portier ebenso zutreffen. Sie würde sogar auf ein Pferd passen.« Die junge Frau ist überzeugt, dass Krankenschwestern eine wichtige Funktion innehaben, die viel mehr erfordert als die von den Medizinern kolportierten Eigenschaften.

Florence (benannt nach ihrem Geburtsort Florenz), die die Leidenschaft für ihren Beruf während einer schrecklichen Grippeepidemie in Südengland entdeckt, beschließt, etwas zu tun. Für den Berufsstand »Krankenschwester«, aber auch für die Anerkennung weiblicher Berufe insgesamt.

Ihre Chance bekommt sie 1854, während des Krimkriegs. Ein Colonel der britischen Armee schildert nämlich in einem Brandbrief in der *London Times* die katastrophalen Verhältnisse in den türkischen Kriegslazaretten: »Alle Elemente der Vernichtung sind gegen uns … Die Männer kehren mit Krämpfen in ein überfülltes, vom Sturm zerrissenes Lazarettzelt zurück, legen sich in stinkender Atmosphäre hin, die schon allein ausreicht, Ansteckungen hervorzubringen, und sterben dort qualvoll.« An anderer Stelle heißt es: »Die Kleidung der Verwundeten war durch Dreck und Darmausscheidungen verschmutzt, Schießpulver und Schlamm und anderes schwärzten ihre Hände und Gesichter, und an ihren Körpern wimmelte es von Ungeziefer.« Diese chaotischen Verhältnisse führen dazu, dass mehr Soldaten in türkischen Lazaretten sterben als durch die Kugeln ihrer Gegner.

Florence, die aus gehobenen Kreisen stammt und mit der Frau des späteren Kriegsministers Sidney Herbert gut befreundet ist, macht dem Politiker daraufhin ein Angebot: Sie sei bereit, mit einer Gruppe von Frauen auf die Krim zu ziehen, um dort im Sanitätsbereich für Ordnung zu sorgen. Die Befähigung dafür bringt sie (ihrer Meinung nach) mit, weil sie einige Jahre zuvor in Deutschland, in Kaiserswerth, einen dreimonatigen Schnellkurs in Krankenpflege besucht und anschließend ein Sanatorium für Gouvernanten in England geleitet hat. Beides übrigens gegen den erbitterten Widerstand ihrer Familie, die es höchst unangemessen findet, dass eine anständige Frau sich für eine derart proletarische Tätigkeit wie die Betreuung von Kranken interessiert.

Der Staatssekretär nimmt das ungewöhnliche Angebot aber dankend an, ernennt Florence zur »Vorsteherin der weiblichen Pflegeabteilung der Englischen Allgemeinen Krankenhäuser in der Türkei« (speziell der Lazarettkaserne von Scutari in der Nähe von Istanbul), und lässt sie in See stechen. Kurz darauf trifft die energische junge Dame mit 38 Krankenschwestern in Scutari ein – und muss erschrocken feststellen, dass der Colonel bei seinen Schilderungen keineswegs übertrieben hat. Die hygienischen Bedingungen im Lazarett sind widerwärtig – nicht nur in den Zelten mit den Betten, sondern auch in den Operationssälen, wo es die Ärzte nicht einmal für nötig halten, nach einer Operation ihre Kittel zu wechseln.

Allerdings: Gerade in diesem Chaos kann sich die organisatorische Begabung von Florence so richtig entfalten. Innerhalb von 3 Monaten krempelt sie den gesamten Laden um: versorgt die rund 10 000 Verwundeten mit frischer Kleidung und ausreichender Nahrung, sorgt für völlig neue Hygienestandards und macht sauber, wo es nur geht. Vor allem aber merkt sie dabei: Das, was ein Arzt wissen muss, hat in vielen Bereichen sehr wenig mit dem zu tun, was eine Krankenschwester wissen muss. Sprich: Eine Pflegerin ist nicht nur die Hilfskraft des Arztes, sie hat eine genuin eigene Aufgabe.

Um die Bedeutung der Pflegearbeit belegen zu können, erstellt Florence sorgfältige Statistiken: Wie schnell gesunden Menschen unter welchen Bedingungen? Was bewirken diese oder jene Maßnahmen? Ihre Fähigkeit, Daten mit Fragebögen zu erheben, sie zu verarbeiten und darüber hinaus auch noch grafisch anschaulich darzustellen, sorgt dafür, dass Florence Nightingale als erste Frau in die »British Statistical Society« aufgenommen wird. Florence hat nämlich erkannt: Selbst der maskulinste Dickschädel muss klein beigeben, wenn man ihm eindeutige Zahlen vorlegt; Zahlen, die beweisen, dass eine Verbesserung der Verhältnisse möglich ist. In Scutari brütet die Krankenschwester oft so lange über ihren Analysen, dass sie erst in der Nacht dazu kommt, selbst nach den Verwundeten zu sehen – was ihr den Spitznamen »The lady with the lamp« (»die Dame mit der Lampe«) einbringt.

Bald wird auch den größten Skeptikern in England klar: Das, was der »Engel der Barmherzigkeit« im Lager von Scutari vollbringt, ist nichts anderes als eine Revolution im Sanitätswesen, eine eigene Pflegetheorie, ja, eine völlig neue Wahrnehmung von Krankenpflege – und damit auch eine überraschend neue Wahrnehmung der Rolle all der Frauen, die sich in Lazaretten engagieren.

Als Florence Nightingale nach ihrer Rückkehr ihre Erfahrungen in diversen Publikationen veröffentlicht, hat das gleich mehrere verheißungsvolle Folgen: Die Krankenpflege wird in England zu einem eigenen Berufsstand erhoben; bei einer karitativen Sammlung kommen 50 000 Pfund zusammen, mit denen die erfolgreiche Sanitäterin 1860 am St-Thomas'-Hospital in London eine Krankenpflegeschule eröffnet; und die im Krimkrieg entwickelten Sanitätsstandards werden weltweit zum Vorbild für die erfolgreiche Unterstützung von Heilungsprozessen. Da wundert es nicht, dass der englische König Edward VII. 1907 Florence als erste Frau in den von ihm gestifteten »Order of Merit« aufnimmt, in dem herausragende Leistungen in Kunst, Wissenschaft oder Militär ausgezeichnet werden.

Interessanterweise ahnt Florence Nightingale schon als Teenager, dass sie einmal etwas Besonderes aus ihrem Leben machen wird. Mit 17 Jahren hat sie ein religiöses Erweckungserlebnis und ist anschließend überzeugt, dass Gott etwas mit ihr vorhat: »Gott sprach zu mir und rief mich in seinen Dienst.«

Dass sich eine unkonventionelle Querdenkerin nicht nur Freunde macht, wenn sie die bislang ausschließlich von Männern bestimmte Heilkunde kritisch hinterfragt, ist ihr zwar von Anfang an bewusst, aufgrund ihrer christlichen Überzeugung findet sie aber die Kraft, ihren Weg zu gehen: Sie lehnt nicht nur die von ihren Eltern erwünschte Verlobung mit dem wohlhabenden Schriftsteller und Politiker Richard Milnes ab, sondern erträgt auch die vielen Anfeindungen ihrer Verwandtschaft wegen ihres Interesses an der Krankenpflege. Gerade weil sie sich berufen fühlt, etwas Sinnvolles zu tun, empfindet sie das Leben in der höheren Londoner Gesellschaft zunehmend als banal und belanglos.

Über die grundsätzliche Frage, ob ein Berufungsgefühl integraler Bestandteil der Befähigung zur Weltveränderung ist, lässt sich vermutlich leidenschaftlich diskutieren. Ganz sicher aber gehört dazu das Selbstbewusstsein, dass man das Potenzial besitzt, die Gesellschaft voranzubringen. Und der Mut, das Ersehnte dann auch zu tun. Oder wie Florence diese Erkenntnis einmal in ein Bild fasste: »Besser zehn Mal sterben, während man in der Brandung stehend den Weg in eine neue Welt ankündigt, als müßig am Ufer zu stehen.«

»Wenn man mit Flügeln geboren wird, sollte man alles dazu tun, sie zum Fliegen zu benutzen.«

Rigoberta MENCHÚ

*1959

Als die junge Aktivistin Rigoberta Menchú 1983 ihre Autobiografie veröffentlicht, beginnt sie diese mit den Worten: »Ich heiße Rigoberta Menchú. Ich bin 23 Jahre alt, und meine Lebensgeschichte soll lebendiges Zeugnis ablegen vom Schicksal meines Volkes. Durch meine Geschichte will ich versuchen, das Leben aller armen Menschen in Guatemala zu beschreiben.«

Kann eine Frau stellvertretend für ein ganzes Volk sprechen? Ja! Zumindest dann, wenn sie wahrnimmt, dass ihr individuelles Schicksal ein Abbild dessen ist, was Hunderttausenden von Menschen ebenso widerfährt. Und wenn sie sich zur Stimme einer unterdrückten Bevölkerung macht, der es im Alltag allzu oft die Sprache verschlägt. Es könnte sogar sein, dass das Bedürfnis, für andere einzustehen, ein weiteres charakteristisches Merkmal von Weltveränderern ist: Sie reden nicht für sich selbst, sie repräsentieren die Not und die Hoffnung vieler. Tatsächlich ist die Geschichte von Rigoberta Menchú symptomatisch für die indigenen Völker Guatemalas, und was sie als Mädchen und junge Frau erlebt, ist ein eindrückliches Zeugnis für die gewalttätigen Strukturen in der mittelamerikanischen Region.

Rigoberta wird als sechstes von zehn Kindern in eine arme Bauernfamilie hineingeboren. Sie gehört zu den

Quiché-Indios und ist eine Nachfahrin der bedeutenden Maya. Weil die kargen Felder im Hochland aber nicht genügend Ertrag bringen, um die Familie zu ernähren, arbeiten die Eltern acht Monate im Jahr mit ihren Kindern als Wanderarbeiter auf den großen Kaffee-, Baumwoll- und Zuckerplantagen an der Küste, wo sie wie Sklaven behandelt werden. Die Lebensbedingungen der Tagelöhner sind derart schlecht, dass einer von Rigobertas Brüdern an Unterernährung und ein anderer an einer Pestizidvergiftung stirbt.

Neben ihrer wirtschaftlichen Not erleben die Indios vor allem eine massive politische Unterdrückung: 1954 kommt es in Guatemala zu einem Militärputsch – und die indigenen Völker werden verdächtigt, mit den überall entstehenden Guerilla-Gruppen zusammenzuarbeiten, die sich gegen das diktatorische Regime auflehnen. Von da an werden die Ureinwohner systematisch verschleppt oder ermordet. Wissenschaftler schätzen, dass im Lauf der kommenden Jahrzehnte mehr als 200 000 Menschen den Massakern zum Opfer fallen.

Auch Rigobertas Familie ist betroffen: Die Heranwachsende erlebt, wie die Privatmilizen der Großgrundbesitzer – Mitte der 70er-Jahre besitzen 2 Prozent der Großgrundbesitzer fast 70 Prozent des landwirtschaftlich nutzbaren Landes – nach Lust und Laune Indio-Dörfer überfallen und vernichten: um den Besitz ihrer Herren zu vergrößern, um Bodenschätze abzubauen oder einfach um, wie Rigoberta immer wieder hervorhebt, die indianische Kultur dauerhaft zu vernichten.

Anders als viele ihrer Altersgenossen kann Rigoberta aber ein katholisches Internat besuchen, in dem sie nicht nur mit den Ideen der Frauenbewegung, sondern auch mit den Visionen der südamerikanischen Befreiungstheologie in Kontakt kommt: Und diese Theologie versteht sich als »Stimme der Armen«. Sie interpretiert die Botschaft Jesu nämlich als radikalen Aufruf, die zerstörerischen Mechanismen von Ausbeutung und Unterdrückung in der Welt zu überwinden – weil Erlösung nicht nur etwas für das Jenseits ist, sondern bereits im Diesseits beginnen muss. Warum sonst hätte Maria, die Mutter Jesu, in ihrem Lobgesang so eindrücklich verkündet: »Gott stößt die Mächtigen vom Thron und erhebt die Niedrigen. Die Hungrigen füllt er mit Gütern und lässt die Reichen leer ausgehen«?

Wie auch ihre Familie engagiert sich Rigoberta Menchú politisch: Mit 20 ist sie Mitglied der von ihrem Vater mitgegründeten Landarbeitervereinigung CUC (»Comité de Unidad Campesina« – »Komitee für die Einheit der Bauern«), die sich für bessere Arbeits- und Lebensbedingungen der Landarbeiter einsetzt. Für ihr politisches Engagement muss die Familie jedoch einen hohen Preis bezahlen: 1979 wird Rigobertas 16-jähriger Bruder vor ihren Augen ermordet, 1980 stirbt ihr Vater Vincente durch die Hand von Regimeanhängern, während ihre Mutter Juana vergewaltigt und zu Tode gefoltert wird.

Doch Rigoberta lässt sich durch die Gewalt nicht abschrecken. In und mit dem CUC kämpft sie für humanere Arbeitsbedingungen für die Landarbeiter, organisiert Demonstrationen gegen die Machthaber und versucht, die indigene Bevölkerung vor den Übergriffen der Militärdiktatur zu schützen. Vor allem aber fordert sie immer und immer wieder, dass Indios nicht als »Menschen zweiter Klasse« behandelt werden, sondern die gleichen Rechte bekommen wie der meist aus Europa immigrierte Rest der Bevölkerung.

Im Lauf der Jahre wird Rigoberta Menchú dabei tatsächlich zu dem, was sie in ihrer Autobiografie beschreiben wird: nämlich zur führenden Stimme gegen die Unterdrückung der 22 indigenen Maya-Stämme Guatemalas und für eine nachhaltige Versöhnung der Ethnien. In einem Punkt unterscheidet sie sich allerdings von einigen der Weltveränderer, die wir bislang kennengelernt haben: Für sie ist Gewalt zur Selbstverteidigung lange Zeit kein Tabu. Sie betont: »Der Mensch hat unter bestimmten Umständen ein Recht auf Rebellion. Es gibt repressive Regime, die sich nur dann ändern, wenn das Volk Widerstand leistet.« So ist sie auch Mitglied der »radikalen Volksfront«, in der sie die Bauern lehrt, sich gegen die Militärdiktatur zur Wehr zu setzen.

Da ihre Arbeit in wachsendem Maße internationales Aufsehen erregt, kommt, was zu erwarten war: Rigoberta muss untertauchen. Erst innerhalb Guatemalas, dann im Exil in Mexiko. Doch auch von dort aus führt sie mit allen ihr zur Verfügung stehenden Mitteln ihre Reformbemühungen weiter: 1982 gelingt es ihr, die guatemaltekischen Oppositionsparteien zusammenzubringen,

1999 erhebt sie vor dem Internationalen Gerichtshof Anklage gegen drei Generäle der Militärdiktatur, und 2007 kandidiert sie selbst für das Amt des Präsidenten – bekommt aber nur drei Prozent der Stimmen.

1992 erhält Rigoberta Menchú für ihr lebenslanges Engagement den Friedensnobelpreis – mit 33 Jahren als damals jüngste Preisträgerin. Und wie später Malala Yousafzai betont sie, dass diese Verleihung nicht ihrer Person, sondern der Sache gilt, der sie ihr Leben gewidmet hat: »Ohne Zweifel ist die Tatsache, dass ich den Nobelpreis erhalte, ein Signal der Hoffnung für die indigenen Völker auf dem ganzen amerikanischen Kontinent.« Seither wurde Rigoberta Menchú mit 17 Ehrendoktor-Titeln, ungezählten Preisen und verschiedenen Ämtern bei den Vereinten Nationen ausgezeichnet (etwa dem einer »UNESCO-Sonderbotschafterin zur Förderung einer Kultur des Friedens und der Rechte indigener Menschen«) – wobei sie den Großteil ihrer Preisgelder für humanitäre Zwecke einsetzt: zum Beispiel für den Aufbau der Apothekenkette »Farmacias Similares«, die auch die Ärmsten mit bezahlbaren Medikamenten versorgt.

Rigoberta Menchú hat wesentlich dazu beigetragen, dass die jahrtausendealte Hochkultur der Maya vor dem Aussterben bewahrt werden konnte. Und ihr ist es zu verdanken, dass junge Maya heute die gleichen Chancen haben wie alle Guatemalteken. Wenn sie gefragt wird, was ihr in ihrem Leben wichtig geworden ist, dann antwortet sie gerne: »Ich könnte über all das Schlimme berichten, was niemand je selbst erleben will. Aber ich tue es nicht. Ich versuche, mich an das Schöne zu erinnern.« Denn das Wichtigste im Leben sei, so die unermüdliche Gleichheitskämpferin, »für eine gerechte Sache einzutreten und dabei von Menschen umgeben zu sein und unterstützt zu werden, die einen lieben und die man liebt«.

Es stimmt: Selbst wenn eine zur Stimme für viele wird, braucht sie die Unterstützung derer, für die sie eintritt. Weltveränderung geschieht nie im Alleingang: »Der Mensch wächst erst durch die Liebe der anderen.«

»Meine Träume
sind der wichtigste Schatz
in meinem Leben.
Sie halfen mir in den
schwierigsten Momenten,
von einer schöneren Zukunft
zu träumen.«

Elisabeth von THÜRINGEN

1207–1231

Ob Aschenputtel, Eliza Doolittle oder »Pretty Woman«: Die Welt ist voller Geschichten von »Dienstmägden«, denen es auf zauberhafte Weise gelingt, zur Prinzessin zu werden. Noch viel bewegender ist aber die Geschichte der ungarischen Königstochter Elisabeth. Die nämlich wünscht sich nichts sehnlicher, als zur Dienstmagd zu werden – und gilt gerade deshalb als Inbegriff eines barmherzigen Menschen. Elisabeth von Thüringen, die im 13. Jahrhundert lebte, ist heute bekannt als Pionierin der Armenfürsorge. Ja, in Deutschland wurde sie eine Zeit lang sogar als Nationalheilige angesehen.

»Ich sehe einen Stern erstrahlen!« – mit dieser himmlischen Vision kündigt der mittelalterliche Sänger Klingsor laut Überlieferung schon vor Elisabeths Geburt die Ankunft eines Mädchens an, das anders sein wird als alle anderen Prinzessinnen. Wie recht er haben sollte, ahnt zu diesem Zeitpunkt noch keiner!

Zunächst verläuft das Leben des adligen Kindes aber in für damalige Zeiten gewöhnlichen Bahnen: Kaum ist Elisabeth vier Jahre alt, verloben ihre Eltern – König Andreas II. von Ungarn und seine Frau Gertrud von Kärnten-Andechs-Meran – das kleine Mädchen mit dem vermutlich acht Jahre älteren Hermann von Thüringen, um sich so die Loyalität einer der bedeutendsten deutschen Fürstenfamilien zu sichern; eines Adelsgeschlechts, auf dessen Stammsitz, der Wartburg bei Eisenach, renommierte Künstler wie Walther von der Vogelweide, Wolfram von Eschenbach oder Heinrich von Ofterdingen zu Gast sind.

Um das Kind auf sein späteres Leben vorzubereiten, wächst Elisabeth bei ihrer zukünftigen Schwiegerfamilie auf. Und was dann geschieht, klingt tatsächlich nach einem ziemlich klassischen Märchen. Aufgepasst: Weil es damals nicht schicklich ist, dass eine Maid zu viel Zeit mit ihrem Verlobten verbringt, spielt Elisabeth meist mit dessen Bruder Ludwig. Mit den entsprechenden Folgen, denn Elisabeth – na, was wohl? – verliebt sich in ihren Schwager in spe. Großartig. Doch bevor die Situation aus dem Ruder laufen kann, stirbt ihr Verlobter Hermann überraschend – und Elisabeth darf mit 14 Jahren tatsächlich ihren Ludwig heiraten. Die Beziehung der beiden gilt als eine der großen Romanzen des Mittelalters: der smarte Fürstensohn und die bezaubernde Prinzessin aus Ungarn.

Kleine Anekdote am Rande: Als nach Elisabeths Tod eine kirchliche Kommission über die mögliche Heiligsprechung berät, wird eine Aussage von Elisabeths Kammerzofe zur besonderen Herausforderung. Die Dienerin berichtet nämlich, das junge Paar habe ein ausgesprochen reges Liebesleben gehabt; nicht gerade das klassische Attribut einer Heiligen.

Da bleiben die Folgen natürlich nicht lange aus: Innerhalb kurzer Zeit bringt Elisabeth drei Kinder zur

Welt: Hermann, Sophie und Gertrud. Insofern entspricht sie zunächst den Anforderungen an eine Landesmutter voll und ganz. Bis sie, spätestens 1225, über den Mönch Rodeger mit der neuen Lehre des Franz von Assisi (Seite 166) in Berührung kommt. Dessen Ideale von Armut und Gehorsam (eigentlich gehört auch Keuschheit dazu, aber die ist für Elisabeth, wie gesagt, kein Thema) überzeugen die kritische junge Frau, und sie beschließt, ihr Leben zu ändern und dem Luxus abzuschwören. Fortan trägt sie Büßergewänder, geht barfuß in die Gottesdienste, fängt an, sich regelmäßig zu geißeln, und verschenkt ihre prächtigen Prinzessinnenkleider und ihren kostbaren Schmuck. Als im selben Jahr eine schwere Hungersnot übers Land zieht, kümmert sich die Prinzessin intensiv um die Not leidende Bevölkerung: Sie öffnet die Vorratskammern der Fürstenfamilie, näht mit ihren Zofen Kleider für die Armen und gründet am Fuß der Wartburg ein Armenhospital.

In diese Zeit fällt auch die verbreitetste aller Elisabeth-Legenden, nämlich das »Rosenwunder«: Diese Legende erzählt, dass Elisabeth eines Tages wieder einmal mit einem großen Korb voller Brote aus der Schlossküche auf dem Weg zu den Armen ist, als sie ihren Mann trifft. Ludwig unterstützt ihre karitative Arbeit zwar, weiß aber, dass die Fürstenfamilie aus Angst, die eingeheiratete Ungarin könne allen Reichtum ihrer Verwandten verschenken, unter Strafandrohung ein striktes Verbot weiterer Almosen verhängt hat. Dementsprechend misstrauisch fragt der Adelige seine Elisabeth, was sie denn da in ihrem abgedeckten Korb transportiere. Ertappt stammelt die Fürstin: »Äh, da sind Rosen drin.« Ziemlich improvisiert. Dummerweise besteht ihr Mann darauf, dass sie das Tuch lüftet, um ihre dreiste Behauptung zu belegen. Widerstrebend gehorcht Elisabeth – und siehe da: Aus den Broten sind wahrhaftig Rosen geworden. Gott hat ein Wunder getan, und die liebevolle Frau ist gerettet.

1227 entscheidet sich Ludwig, an einem Kreuzzug zur Rückeroberung Jerusalems teilzunehmen – und stirbt wenig später auf der Überfahrt vor Otranto an einer Seuche. Dieses tragische Ereignis hat gleich mehrere Konsequenzen: Elisabeth verliert nicht nur ihren geliebten Ehemann (den sie bis zuletzt zärtlich mit »Mein Bruder« angesprochen hat), sie wird auch von dessen Familie vor die Tür gesetzt. Wer will schon eine Fürstin, die wie eine Bettlerin herumläuft, ständig irgendwelche Kranken anfasst und darüber hinaus das Vermögen der Sippschaft verschleudert?

So sitzt Elisabeth plötzlich hilflos auf der Straße. Ganz allein. Obwohl … nicht ganz. Denn in ihrer Not erscheint ihr Jesus mit den tröstenden Worten: »Wenn du bei mir sein willst, dann will ich bei dir sein.«

In den kommenden Wochen erhält die eigenwillige Adelige Unterschlupf bei Angehörigen. Doch sie ist nur geduldet, nicht geliebt. Ihr Schicksal scheint sich zwar zu wenden, als sie einen Heiratsantrag des Kaisers bekommt, doch weil sie Ludwig geschworen hat, im Fall seines Todes nicht wieder zu heiraten, lehnt sie ab. Stattdessen entscheidet sie sich, nach längerer Beratung mit ihrem Beichtvater Konrad, auf das Angebot Jesu zu vertrauen und mit ihrer Witwenentschädigung in Marburg ein neues Hospital zu eröffnen. Dort, im Franziskus-Hospital, kann sie sich mit ganzer Leidenschaft um Kranke kümmern und für die Ärmsten der Armen da sein. Hier wird sie wahrhaftig – befreit von den anstrengenden höfischen Sitten – eine Dienerin der Menschen.

Allerdings bleibt ihr dafür nur eine kurze Zeit: Schon am 17. November 1231 stirbt Elisabeth; mit gerade einmal 24 Jahren. Und weil sich die Geschichte von der Prinzessin, die lieber eine Magd sein wollte, überall im Land verbreitet hat, erscheinen an ihrem Totenbett sofort Scharen von Reliquienjägern, um sich – im wahrsten Sinne des Wortes – ein Stück dieser ungewöhnlichen Frau »zu sichern«.

Aber auch der ungarische Königshof, die thüringische Fürstenfamilie und der Deutsche Orden wollen vom Tod der glaubensstarken Frau profitieren und streben ein beschleunigtes Verfahren zur Heiligsprechung an, was ihnen mithilfe von Elisabeths einflussreichem Beichtvater Konrad tatsächlich gelingt: Schon im Mai 1235, also knapp dreieinhalb Jahre nach ihrem Tod, wird Elisabeth heiliggesprochen – und von vielen Menschen bis heute verehrt.

Von Elisabeth von Thüringen sind nur wenige Zitate überliefert, aber eines der wenigen, die wir kennen, ist besonders anschaulich: »Ich habe euch immer gesagt: Wir müssen die Menschen fröhlich machen.« So konkret ihre karitativen Aktionen und krankenpflegerischen Ideen auch gewesen sein mögen – dahinter stand der Wunsch, dass Menschen »fröhlich« werden. Ein Wort, das damals als Synonym für »glücklich« genutzt wurde. Das heißt: Elisabeth wollte alles dafür tun, dass Menschen glücklich sind, dass sie (wieder) befreit lachen können. Gibt es eine stärkere Motivation für Weltveränderung? Wohl kaum!

Und eines ist wohl klar: Wer so denkt, der ist auf jeden Fall eine »Prinzessin der Herzen«.

»Gott hat mein Gebet
erhört – und siehe,
allen weltlichen Besitz,
der mir einst lieb war,
erachte ich jetzt für Unrat.«

Angela MERKEL

*1954

Möglicherweise wird in den Geschichtsbüchern, wenn es um die 16-jährige Kanzlerschaft Angela Merkels geht, vor allem ein Satz im Zentrum stehen. Ihre legendären drei Worte: »Wir schaffen das!« – diese bahnbrechende Formulierung auf der Pressekonferenz am 31. August, in der sich die ganze Dramatik der Flüchtlingskrise von 2015 bündelt. Im Zuge dieser humanitären Krise setzt Angela Merkel nämlich kurzfristig das geltende europäische Asylrecht außer Kraft und lässt Flüchtlinge aus Ungarn nach Deutschland einreisen. Die damit verbundenen Ereignisse verändern die Bundesrepublik nachhaltig – und mithin auch den Blick vieler Staaten auf die Problematik der Einwanderung.

Übrigens lautet das Zitat vollständig: »Deutschland ist ein starkes Land. Das Motiv, mit dem wir an diese Dinge herangehen, muss sein: Wir haben so vieles geschafft – wir schaffen das!« Was für ein Appell an das Selbstvertrauen, den Gemeinsinn und die Hoffnung! Und tatsächlich spricht Angela Merkel damit vielen Menschen (und vermutlich auch sich selbst) in diesen turbulenten Tagen Mut zu. Vor allem aber fordert sie alle Zuhörerinnen und Zuhörer auf, Teil einer größeren Idee zu werden: Wir sind ein Land, das mit der Herausforderung der zunehmenden Flüchtlingsströme fertigwird. Wir sind gastfreundlich. »Wir schaffen das!«

In den Wochen zuvor hatte sich die Lage im Bürgerkriegsland Syrien dramatisch zugespitzt. Dort und auch in vielen anderen Staaten (vor allem in Afghanistan) sind deutlich mehr Menschen auf der Flucht als zuvor, sodass es an einigen europäischen Außengrenzen zu einem Ansturm traumatisierter und entwurzelter Flüchtender kommt. Noch aber gilt das sogenannte Dublin-Verfahren, das festlegt: Wer aus seiner Heimat in die Europäische Union flieht, muss dort Asyl beantragen, wo er den Staatenbund betritt. Eine für Deutschland sehr komfortable Regelung, weil die Bundesrepublik – außer zu (inzwischen) Großbritannien und der Schweiz – gar keine Nicht-EU-Grenzen hat. Das heißt: Wenn ein Flüchtling zum Beispiel über Ungarn und Österreich nach Deutschland will, dann darf sich Ungarn um alle asylrechtlichen Fragen kümmern. Sehr angenehm.

Doch Anfang September gerät die Situation außer Kontrolle: Der ungarische Ministerpräsident Viktor Orbán vermeldet, dass sein Land der hereinströmenden Menschenmassen nicht mehr Herr wird. Inzwischen hätten sich zahlreiche Flüchtlinge einfach zu Fuß und unkontrolliert auf den Weg nach Österreich und Deutschland gemacht. Tatsächlich sind Zehntausende unterwegs.

In diesem Moment agiert Angela Merkel ihrem Motto gemäß, »Wir schaffen das!«, und erklärt – in Absprache mit den anderen Regierungschefs und ihrem Koalitionspartner –, dass die flüchtenden Menschen nicht aufgehalten werden sollen, wenn sie nach Deutschland wollen. Sie dürfen – entgegen europäischem Recht – ohne vorherige Registrierung einreisen. Auch, weil Merkel wie allen anderen Beteiligten klar ist: »Wir können die Grenzen nicht schließen. Wenn man einen Zaun baut, werden sich die Menschen andere Wege suchen.«

In Interviews weist die Kanzlerin mehrfach darauf hin, dass eine solche Öffnung Deutschlands ja gerade im Geist der Werte geschieht, für die die EU steht: »Wenn Europa in der Flüchtlingsfrage versagt, dann ginge ein entscheidender Gründungsimpuls eines geeinten Europas verloren. Nämlich die enge Verbindung mit den universellen Menschenrechten, die Europa von Anfang an bestimmt hat und die auch weiter gelten muss.« Kurz: Werte sind wichtiger als Regeln. Was nichts anderes zum Ausdruck bringt als die rund 2000 Jahre alte Erklärung Jesu: »Der Mensch ist nicht für die Gesetze da, die Gesetze sind für die Menschen da.« Sprich: Wenn eine Verordnung Menschen nicht hilft, dann darf sie auch mal außer Kraft gesetzt werden.

Allein am ersten September-Wochenende kommen am Münchner Hauptbahnhof fast 20 000 Flüchtlinge an. Und siehe da: Große Teile der Bevölkerung haben sich Merkels Motivationsruf zu Herzen genommen. Auf den Bahnsteigen stehen Scharen von Deutschen, um die Flüchtlinge in Empfang und in den Arm zu nehmen. Die Bilder applaudierender Menschen gehen um die Welt und untermalen einen Begriff, der plötzlich in aller Munde ist: »Willkommenskultur«. Anders gesagt: Lasst uns ein Land sein, in dem Not leidende Menschen willkommen sind. Eine Gesellschaft, die nicht nur an sich denkt.

Doch so oft Angela Merkel und die überall aus dem Boden sprießenden Migrationsexperten in den kommenden Monaten auch betonen, dass der Zustrom an Menschen wesentlich mehr Chancen als Risiken mit sich bringe, nimmt die Angst in einigen Bevölkerungsgruppen zu. »Was ist, wenn wir es doch nicht schaffen? Wollen wir das überhaupt schaffen? Was, wenn die Willkommenskultur auf Kosten der Einheimischen geht? Gerade derer, die sich ohnehin benachteiligt fühlen? Brauchen wir nicht eine ›Obergrenze‹, bei der dann Schluss ist mit der Gastfreundschaft?«

Mit der wachsenden Menge an Schutzsuchenden wachsen auch Rassismus und Widerstand. Laut Bundeskriminalamt finden 2015 über 1000 Angriffe auf Asylantenheime statt, 6-mal so viele wie im Jahr zuvor. Und der Ruf »Merkel muss weg« erschallt fortan immer öfter auf rechtsgerichteten Veranstaltungen.

Doch die Kanzlerin beweist im Verlauf der zunehmend aufgeheizten Diskussion Haltung. Unter anderem, indem sie darauf verweist, dass die individuelle Not der Flüchtenden niemals von Pauschalisierungen überschattet werden darf: »Es kommen keine Menschenmassen, sondern es kommen einzelne Menschen zu uns.« Jeder davon ist eine Person in Not. Und Angela Merkel erklärt, dass es für eine Gesellschaft kaum ein höheres Gütesiegel gibt, als wenn sie sich mit ihrem

Reichtum für Schwächere einsetzt: »Wenn wir jetzt anfangen, uns noch entschuldigen zu müssen dafür, dass wir in Notsituationen ein freundliches Gesicht zeigen, dann ist das nicht mein Land.«

Was hat die Frau geprägt, die auf solch beeindruckende Weise Haltung zeigt? Geboren wird die spätere Politikerin, die mit ihren Händen so gerne eine markante Raute formt, 1954 in Hamburg. Ihr Vater, ein Theologe, entschließt sich, als Pfarrer in Ostdeutschland zu arbeiten, sodass die kleine Angela erst in dem kleinen Ort Quitzow und anschließend in Templin in Brandenburg aufwächst. Nach der Schule studiert sie in Leipzig Physik, bevor sie am Zentralinstitut für Physikalische Chemie der Akademie der Wissenschaften in Berlin promoviert. Magna cum laude.

1977 heiratet Angela Kasner, wie sie damals noch heißt, den Physikstudenten Ulrich Merkel, dessen Namen sie bis heute trägt. Die Ehe wird 1982 geschieden. 16 Jahre später, 1998, traut sie sich ein zweites Mal, diesmal mit ihrem jetzigen Ehemann Joachim Sauer. Parallel zu ihrer wissenschaftlichen Arbeit engagiert sich die Naturwissenschaftlerin politisch: zuerst im »Demokratischen Aufbruch«, dann in der CDU. Und plötzlich geht alles ganz schnell: 1990 erringt das »Ziehkind« Helmut Kohls sein erstes Bundestagsmandat, 1991 wird sie Bundesministerin für Frauen und Jugend, 1994 Umweltministerin, 2000 Parteivorsitzende – und 2005 Bundeskanzlerin der Bundesrepublik Deutschland.

Wie bereits gesagt: Es ist wohl ihr mutiges Handeln in der sogenannten Flüchtlingskrise, das man von ihr im Gedächtnis behalten wird. In dem Moment, in dem viele europäische Staaten sich angesichts der Flüchtlingswelle verschämt hinter Paragrafen verschanzen (oder gar hinter verstärkten Grenzbefestigungen), setzt sich Angela Merkel aus humanitären Gründen über das geltende Recht hinweg – und rettet Menschenleben. Ob Deutschland das alles schafft? Nun, das wird sich zeigen. Aber eines ist gewiss: *Wenn* wir es schaffen, dann auch, weil eine Frau gesagt hat: »Wir schaffen das!«

»Wir haben so vieles geschafft –
wir schaffen das!
Wir schaffen das, und dort,
wo uns etwas im Wege steht,
muss es überwunden werden.«

Mutter TERESA

ANJEZË GONXHA BOJAXHIU
1910–1997

Teresa, die »Heilige der Gosse« mit dem charmanten Lächeln, hat ihr Erweckungserlebnis am 10. September 1946 während einer Zugfahrt durch Kalkutta. Sie sieht durch das Fenster des Waggons ein Kruzifix – und plötzlich erklingt die Stimme Jesu in ihr: »Mich dürstet!«

»Mich dürstet!« Die 36-jährige Nonne weiß sofort, was das bedeutet: Dieser berühmte Ausspruch des sterbenden Jesus am Kreuz ist ein Auftrag. An sie! Sie soll sich bemühen, »den unendlichen Durst Jesu nach Liebe zu löschen« – indem sie den Armen, den Kranken, den Notleidenden, den Sterbenden, den Ausgestoßenen und den Straßenkindern in Indien hilft. »Indem ich in all diesen Menschen den dürstenden Jesus wiedererkenne«, wie sie es später formulieren wird. Und wie bei so vielen Weltveränderern wird ein überwältigendes persönliches Erlebnis zum Auslöser einer großen Bewegung.

Teresa, die damals noch zum Orden der Loreto-Schwestern gehört, sorgt dafür, dass sie ihren Konvent offiziell verlassen darf, zieht nach Tiljala, in eines der großen Slumviertel von Kalkutta, und schon nach wenigen Tagen betreut sie dort mehr als 40 Kranke und Hungernde. Ja, die Leute strömen nur so zu dieser von Liebe erfüllten Frau, die verstanden hat, dass »Einsamkeit und das Gefühl, unerwünscht zu sein, die schlimmste Armut« sind – und die genau deshalb den Vernachlässigten zur Seite stehen will.

Schon bald schließen sich Teresa, die vorher viele Jahre eine Schule für bengalische Mädchen geleitet hat, einige ihrer ehemaligen Schülerinnen an. Und als immer mehr Frauen die karitative Arbeit der Ordensfrau unterstützen wollen, gründet sie 1950 einen eigenen Orden: die »Missionarinnen der Nächstenliebe«. Eine Gemeinschaft, die schon nach kurzer Zeit die päpstliche Anerkennung bekommt und zu der heute mehr als 5000 Schwestern in über 130 Ländern gehören. Zudem bekommt Teresa als Oberin ihres Ordens nach guter kirchlicher Tradition den Ehrentitel »Mutter Teresa«.

Die »Missionarinnen der Nächstenliebe« führen bis heute das fort, was ihnen ihre Gründerin vorgelebt hat: Sie kümmern sich um Sterbende, Waise, Obdachlose und Kranke und legen dabei einen Schwerpunkt auf die Betreuung von Leprakranken, denen sich schon Mutter Teresa besonders verpflichtet fühlte. Aber auch Entbindungsheime, Schulen für Arme, Tuberkulose-Kliniken und Heime für ledige Mütter gehören zum vielfältigen Angebot der Ordensgemeinschaft.

1979 erhält Mutter Teresa für ihre unermüdliche Arbeit den Friedensnobelpreis – den sie (wie so viele andere Preisträgerinnen) nicht für sich, sondern im Namen »aller Ausgestoßenen« entgegennimmt, als Bestätigung ihres Auftrags. In ihrer Dankesrede nennt sie das Lächeln »den Anfang der Liebe« und besteht darauf, dass das bei der Verleihung in Oslo übliche üppige

Festbankett entfällt. Sie möchte die dafür eingeplante Geldsumme lieber ausgezahlt bekommen, um mit dem Betrag in Kalkutta ein Weihnachtsfest für mehr als 2000 Notleidende zu feiern.

Als Mutter Teresa gefragt wird, wie sie sich denn selbst versteht, antwortet sie: »Vom Blut her bin ich Albanerin. Von der Staatsbürgerschaft her bin ich Inderin. Vom Glauben her bin ich eine katholische Nonne. Meiner Berufung nach gehöre ich der ganzen Welt. Meinem Herzen nach gehöre ich einzig und allein dem Herzen Jesu!«

Teresa, die bei ihrer Geburt Gonxha heißt, wächst als Tochter eines reichen albanischen Bauunternehmers auf, entscheidet sich aber schon als Jugendliche, dass sie Ordensfrau werden möchte. Möglicherweise, weil sie sich nach dem frühen Tod ihres Vaters – sie ist damals acht Jahre alt – in der Zeit der Trauer besonders intensiv mit dem christlichen Glauben beschäftigt.

Mit 18 Jahren beginnt Gonxha ihr Noviziat, das sie zunächst ins Mutterhaus der Loreto-Schwestern nach Irland bringt. Von dort wird sie nach Darjeeling in Bengalen gesandt, wo der Orden mehrere Schulen unterhält. Hier nimmt die Albanerin auch den Namen Teresa an – inspiriert von der heiligen Thérèse von Lisieux, einer Karmelitin, die überzeugt war, dass sich gerade in den kleinen Gesten des Alltags die Liebe Gottes zeigt. Nach ihrer Profess arbeitet Teresa in Kalkutta an der St.-Mary's-School; zunächst als Lehrerin, später als Schulleiterin, bevor sie, wie geschildert, aufgrund ihrer »zweiten Berufung« in die diakonische Arbeit wechselt.

Erstaunlicherweise ist die kleine Ordensfrau im blau-weißen Habit bis heute eine höchst umstrittene Persönlichkeit. Während die einen sie in den Himmel loben und allein den Namen »Mutter Teresa« als Sinnbild von Hingabe und Aufopferung verstehen, werfen ihr Kritiker einen allzu laxen Umgang mit Spenden vor oder verweisen auf angeblich unzureichende hygienische Bedingungen in ihren Einrichtungen. Vor allem aber wird immer wieder ihr christlicher Glaube zum Zankapfel: Ihre Gegner bemängeln nicht nur, dass sie als Katholikin Abtreibung und Verhütung kompromisslos ablehnt, sondern unterstellen ihr auch, sie sei doch nur barmherzig, weil sie möglichst viele Menschen missionieren wolle – ihre Taten seien also nur Mittel zum Zweck. Sie selbst erklärt dazu: »Anfangs glaubte ich [tatsächlich], bekehren zu müssen. Inzwischen habe ich gelernt, dass es meine Aufgabe ist zu lieben. Und die Liebe bekehrt, wen sie will.«

Sowohl ihre Fans als auch ihre Kritiker sind äußerst verblüfft, als sich nach Teresas Tod Aufzeichnungen finden, in denen die Äbtissin wiederholt von Phasen großer Glaubenszweifel berichtet. Ja, die Frau, die schon vor ihrer Heiligsprechung im Jahr 2016 von vielen als Heilige angesehen wird, schreibt Sätze wie: »In meinem Inneren ist es kalt wie in einem Eisblock«, »Der Himmel bedeutet nichts mehr. Für mich schaut er wie ein leerer Platz aus« oder »In meiner Seele ist nur Dunkelheit, dieses Gefühl der Abwesenheit Gottes. Gott will mich nicht.«

Kann das sein? Eine Ordensfrau, die die Welt verändert und als eines der bedeutendsten Vorbilder für Glaubensstärke gilt, entpuppt sich als Skeptikerin, ja, vielleicht sogar als Ungläubige? Nun, möglicherweise steckt genau darin Teresas größte Kraft: dass sie trotz aller Unsicherheit, trotz aller Ängste und trotz aller Zweifel ihren Weg der Liebe konsequent weitergegangen ist.

Man kann getrost sagen: Weltveränderer sind fast nie Menschen, die keine Angst und keine Zweifel kennen, sondern meist solche, denen es gelingt, die eigenen Ungewissheiten zu überwinden – in der festen Überzeugung, dass es Ideale und Werte gibt, die größer sind als eigene Befindlichkeiten. So konnte Mutter Teresa auch dann Menschen mit ihrem Lächeln beglücken, wenn in ihr selbst gerade nichts lächelte.

Mutter Teresa hat einmal gesagt, dass sie nie einen »großen Plan« vor Augen gehabt habe, sondern immer den einzelnen Menschen in seiner Not. Weil es bei Liebe, wie bei so vielem, nicht darum geht, darüber zu reden, sondern sie zu leben, einfach damit anzufangen … und die Weltveränderung passiert dann von ganz alleine. In diesem Sinne erklärt Mutter Teresa überzeugt, dass sie sehr wohl wisse, dass vieles, was sie tue, nur ein Tropfen im Ozean sei. »Aber eben ein Tropfen, der dem Ozean fehlen würde, wenn es ihn nicht gäbe.«

Jesus CHRISTUS

0–30

Der römische Statthalter Pontius Pilatus ist ein wenig verwirrt, als ihm der gefesselte Wanderprediger Jesus präsentiert wird: »Was werft ihr diesem Mann eigentlich vor?« Gute Frage! Was hat einer verbrochen, der behauptet, er sei der Sohn Gottes? Doch die Ankläger, die Jesus zu Pilatus geschleppt haben, haben sich natürlich längst eine Antwort zurechtgelegt: »Er behauptet, er sei ein König!« Da könnten also zumindest die Straftaten »Amtsanmaßung« oder »Revolutionäre Umtriebe gegen die Staatsmacht« gegeben sein. Dementsprechend eröffnet Pilatus das Verhör mit der Frage nach genau diesem Tatbestand: »Sag mir, Jesus: Bist du der König der Juden?«

Jesus bleibt gelassen: »Mein Reich ist nicht von dieser Welt.« Mit anderen Worten: Die Regierenden haben von mir nichts zu befürchten. Aha! Doch Pilatus hakt nach: »Schön, dein Reich ist nicht von dieser Welt. Dass du ein Reich hast, heißt aber: Ein König bist du schon. Oder?« Jesus nickt: »Ja, ich bin ein König. Ich bin in die Welt gekommen, um die Wahrheit zu bezeugen. Und jeder, der selbst von der Wahrheit ergriffen ist, hört auf das, was ich sage.«

Um zu verstehen, wieso sich jemand als König bezeichnet, ohne politische Ambitionen zu verfolgen, muss man wissen, dass der Hoheitstitel »König« in der

Antike gerne auch für Gott selbst genutzt wird – genauso wie für den von vielen seit Jahrhunderten ersehnten Messias, der die Welt erlösen soll. Nun: Pilatus erkennt schnell, dass dieser Jesus offensichtlich keine klassische Straftat begangen hat, denn er verkündet: »Ich finde keine Schuld an ihm.« Dennoch ist das Verhör noch nicht beendet. Seinem Gefangenen stellt der Statthalter nämlich noch eine letzte Frage, die Philosophen seit Jahrtausenden umtreibt: »Wahrheit – was ist das?«

Vermutlich würde niemand bestreiten, dass Jesus die Welt verändert hat. Aber es ist gar nicht so leicht zu beantworten, wodurch er das getan hat. Denn: Was meint der umschwärmte Rabbi genau, wenn er sagt: »Ich bin gekommen, um die Wahrheit zu bezeugen«? Oder: »Ihr werdet die Wahrheit erkennen, und die Wahrheit wird euch frei machen«? Oder noch deutlicher: »Ich bin der Weg, die Wahrheit und das Leben«? Um was für eine Wahrheit geht es hier? Um es noch einmal mit Pilatus zu sagen: »Wahrheit – was ist das?«

Wenn Jesus sich konsequent darauf beruft, dass er gekommen sei, um der Welt die Wahrheit zu bringen, dann ist damit zunächst gemeint: Menschen können auch außerhalb der Wahrheit leben! Postmodern ausgedrückt, heißt das: Frauen und Männer können den Sinn ihres Daseins verfehlen. Natürlich! Sie können am Wesentlichen vorbeiexistieren. Sie können ihre Energie, ihre Zuneigung und ihr Herzblut in die falschen Dinge investieren.

Jesus benutzte für diesen (aus seiner Sicht) höchst unbefriedigenden Zustand des Öfteren ein Wort, das im Lauf der Jahrtausende regelmäßig falsch gedeutet wurde, nämlich den Begriff »Sünde«. Sünde meint – anders als wir oft denken – weder eine moralische Verfehlung noch die Übertretung gesellschaftlicher Konventionen oder gar einen Eintrag in die Verkehrssünderdatei – sondern ein Dasein außerhalb der göttlichen Wahrheit, für die der Sohn Gottes steht.

Also, noch einmal: Was für eine Wahrheit ist das? Nun, da Jesus keine in sich geschlossene Lehre oder gar ein schriftliches Werk hinterlassen hat, kann sein Verständnis von Wahrheit nur wie ein Mosaik aus seinen eindrücklichen Gleichnissen und Geschichten zusammengestellt werden. Und dieses Mosaik ist äußerst anregend.

Bei genauerer Betrachtung zeigt sich nämlich sofort, dass der auch bei Pilatus in den Raum geworfene Begriff vom »Reich Gottes« ein Herzstück der jesuanischen Verkündigung darstellt. Mit anderen Worten: Jeder Mensch ist eingeladen, die Welt als »Reich Gottes« zu entdecken; sie also nicht nur aus einer individuellen, subjektiven Sichtweise zu betrachten, sondern sie mit den Augen Gottes zu sehen. Was automatisch dazu führt, dass sich die oder der Einzelne als Teil eines größeren Ganzen wahrnimmt, als Teil einer alles umfassenden Geschichte. Der Geschichte Gottes mit der Welt.

Zu dieser göttlichen Perspektive gehört auch die Zusage, dass die von Liebe durchzogenen Werte des

Himmels tragfähiger sind als die irdischen. Konkret bedeutet das zum Beispiel: Wenn ein Mensch glauben kann, dass Gott ihn liebt, dann wird sein Selbstwertgefühl viel weniger von der Anerkennung anderer Menschen abhängig sein. So jemand macht sein Glück nicht mehr ständig von irgendwelchen weltlichen Erfolgserlebnissen abhängig, er setzt sich weniger unter Druck – und kann dadurch wesentlich befreiter und gelassener leben. Auch weil er sein Dasein als ein »Geschenk des Himmels« empfindet und nicht als etwas, das er sich verdienen müsste. Bei Jesus klingt das so: »Wer sein Leben gewinnen will, der wird es verlieren.«

Letztlich entpuppen sich alle revolutionären Ideen Jesu als Konsequenzen seiner Einladung, die Welt als »Reich Gottes« wahrzunehmen, also als ein Reich, in dem die Liebe regiert bzw. regieren sollte: Und dann ist die Aufforderung »Liebt eure Feinde!« (die später zur Grundlage des gewaltfreien Widerstands wird) genauso stimmig wie »Richtet einander nicht!« oder »Sorgt euch nicht«. Sprich: Wer auf die Zuwendung Gottes vertraut, lässt sich nicht von seinen Ängsten beherrschen und kann sich entspannt um seine Nächsten kümmern.

Weil im »Reich Gottes« keine Äußerlichkeiten zählen, hat der Schöpfer auch kein Problem damit, seinen Sohn in einem dreckigen Stall in Bethlehem auf die Welt kommen zu lassen. Im Gegenteil: Dieser Stall wird zum Symbol dafür, dass der Himmel selbst am schäbigsten Ort gegenwärtig und erfahrbar ist. Und wenn Jesus am Kreuz stirbt und anschließend wiederaufersteht, dann verdeutlicht dieses Geschehen vor allem, dass die Wahrheit Gottes stärker ist als jeder menschliche Drang nach »Selbsterlösung« und als alle Grenzen irdischer Wirklichkeit – zu denen eben auch der Tod gehört.

Natürlich bleiben solche Annäherungen an die »Wahrheit«, an das, was ein »Leben in Fülle« ausmacht (wie der »Sohn Gottes« es nennt), immer Stückwerk. Wie das so ist bei Mosaiken. Darum betont Jesus auch, dass es bei seiner Wahrheit um eine »Erfahrungswahrheit« geht. Die kann man nicht streng logisch erklären, die muss man ausprobieren. Was er sogar von seinen Jüngern einfordert: »Komm und sieh!«

Nicht jeder Weltveränderer beruft sich auf göttliche Werte, aber alle glauben daran, dass es eine »Wahrheit« gibt, die der menschlichen Existenz mehr entspricht als die Realität, die sie aktuell vorfinden. Und diese Werte tragen einen universellen Anspruch in sich: Wenn sie zur Geltung kämen, wäre die Welt ein besserer Ort. Wie viele Weltveränderer nach ihm benutzt deshalb auch Jesus zur Illustration seines Anliegens die Bilderwelt von Licht und Dunkel. So sagt er etwa: »Ich bin das Licht der Welt. Wer mir nachfolgt, der wird nicht wandeln in der Finsternis, sondern wird das Licht des Lebens haben.« Zugleich nimmt er die Menschen in diese erhellende Verheißung mit hinein. Er erklärt nämlich auch: »Ihr seid das Licht der Welt.« Ihr, ihr Menschen! Anders ausgedrückt: In jedem Mann und in jeder Frau steckt das Potenzial, Licht ins Dunkel zu bringen. Jede und jeder hat das Potenzial, die Welt zu verändern. Zur Wahrheit, für die Jesus steht, gehört deshalb von Beginn an die Aufforderung, aktiv zum Aufbau des »Reichs Gottes« beizutragen.

Besonders eindrücklich beschreibt Jesus diesen Ansatz in einem Gleichnis: »Niemand zündet ein Licht an und stellt es dann unter einen Scheffel [einen antiken Maßeimer], nein, ein Licht stellt man auf einen Leuchter; damit es allen leuchtet, die im Hause sind.« Möglicherweise ist das für den Sohn Gottes eines der wesentlichen Kennzeichen eines Lebens in der Wahrheit: dass ein Mensch sein Licht nicht unter einem Eimer sinnlos herumflackern lässt, sondern alles dafür tut, dass die Welt durch ihn ein wenig heller – und damit auch fröhlicher und heiler – wird.

»Niemand hat größere Liebe als derjenige, der sein Leben lässt für seine Freunde.«

Franz von ASSISI

GIOVANNI DI PIETRO DI BERNARDONE
1181–1226

Der junge Franz von Assisi (Italienisch: Francesco d'Assisi) hat eigentlich alles, was man sich wünschen kann: Er ist der Sohn wohlhabender Tuchhändler, er erhält eine erstklassige Ausbildung, er bekommt als Ritter die nötige Anerkennung, und er lebt ein Leben in Saus und Braus.

Doch dann kommt es zu einem Riss in der scheinbar heilen Welt des Italieners: Als Francesco im Jahr 1202 während eines Feldzugs in Perugia in Kriegsgefangenschaft gerät und während der über ein Jahr dauernden Inhaftierung auch noch schwer erkrankt, wird ihm nämlich die Oberflächlichkeit seines bisherigen, unbekümmerten Daseins bewusst. Er entscheidet sich, fortan in selbstgewählter Armut zu leben. Ja, Franziskus will ganz im Sinne Jesu unterwegs sein, der immer wieder davor gewarnt hat, sein Herz an den Reichtum zu hängen. Offenbar spürt der junge Mann, dass es noch eine andere »Wahrheit« gibt als die von seinen Eltern für ihn ersehnte Kaufmannskarriere. So lebt er fortan in Armut vor den Toren der Stadt und kümmert sich um die Leprakranken, die dort, ausgestoßen von der Gemeinschaft, ihr Dasein fristen müssen.

Für den Vater, der seinem Sohn Johannes früh den Spitznamen Francesco, »kleiner Franzose«, gegeben hat, bricht eine Welt zusammen: sein Sohn, ein Bettler? Wie peinlich! Aber für Franziskus haben die Verlockungen der Gesellschaft ihren Reiz verloren. Er möchte so leben, wie Jesus es vorgelebt hat. Ohne Besitz und doch mit der Gewissheit, unendlich reich zu sein.

Etwa 1207 hat der Sonderling dann eine Vision. Während er in der Kapelle San-Damiano in der Nähe von Assisi betet, hört er vor der dortigen Kreuzikone die Stimme Jesu, der zu ihm sagt: »Franziskus, geh und baue mein Haus wieder auf, das, wie du siehst, ganz und gar in Verfall gerät.« Später wird Franziskus erkennen, dass diese Botschaft des Himmels sehr grundsätzlich gemeint war: Die gesamte Institution Kirche braucht Erneuerung. Aber erst mal nimmt er die Aufforderung wörtlich: Spontan kehrt der Angesprochene noch einmal in sein Elternhaus zurück und verkauft einige Stoffballen seines Vaters Pietro, um eine Restaurierung der verfallenen Kapelle zu bezahlen. Franziskus' Vater tobt. Was erlaubt sich sein Sohn eigentlich? Laut Legende sperrt er ihn zur Strafe erst einmal ein. Später kommt es sogar zu einer Gerichtsverhandlung auf dem Marktplatz. Bei dieser entledigt sich Francesco in Anwesenheit des Bischofs aller Kleider und distanziert sich vor aller Augen von seinem Vater: »Weder Geld noch Kleider will ich von dir, von jetzt an nenne ich nur noch einen ›Vater‹, den im Himmel!«

Franziskus zieht von da an umher, verkündet das Evangelium, kümmert sich um baufällige Kapellen und unterstützt Arme, Kranke und Ausgestoßene. Und schon bald verbreitet sich die Geschichte vom Einsiedler, der sein Vermögen ausgeschlagen hat, um Gott zu dienen, im ganzen Land. Wenn Franziskus in die Dörfer kommt, um zu predigen, wird er wie ein Star empfangen: Die Glocken läuten, die Menschen jubeln, und sie begrüßen den von Almosen lebenden Geistlichen mit grünen Zweigen, die sie schwenken – so wie es die Einwohner von Jerusalem bei Jesus am Palmsonntag getan haben. Diese Verehrung mischt sich mit Bewunderung dafür, dass der Mann mit der groben Tunika und dem Strick als Gürtel eine Gelassenheit ausstrahlt, die selbst durch den gröbsten Spott seiner Gegner nicht ins Wanken gerät.

Dieses selbst für mittelalterliche Verhältnisse ungewöhnliche Leben zieht Mitstreiter an. Schon 1209 reist der Ex-Tuchhändlersohn mit zwölf Gefährten nach Rom, um sich von Papst Innozenz III. einen neuen Orden »genehmigen« zu lassen, den »Orden der Minderen Brüder«, den wir heute als Franziskanerorden kennen. Und das Wunder geschieht: Obwohl die Lehre von der Armut einen Frontalangriff gegen die damals reiche und pompös auftretende Kirche darstellt, erkennt der Papst die Regeln des Bettelordens an, dessen Mitglieder ausschließlich von Almosen leben möchten. Angeblich tut das Kirchenoberhaupt das auch deswegen, weil es in der Nacht einen Traum hat, in dem Franz von Assisi die wohlhabende, aber im Einstürzen begriffene Institution Kirche stützt und rettet.

Die neue, nun hochoffiziell von Rom abgesegnete Gemeinschaft boomt. Bald entstehen an vielen Orten

Franziskanerklöster, und Franziskus wird spätestens zur Legende, als er 1219 mit dem Kreuzfahrerheer nach Ägypten zieht, um in Damiette den Sultan zu bekehren und für Frieden zwischen Christen und Muslimen einzutreten. Die ambitionierte Mission misslingt zwar, aber der gute Wille zählt. Von Ägypten aus zieht Franziskus weiter ins Heilige Land. Doch hier wird er so krank, dass er nach Italien zurückkehrt, wo er feststellen muss, dass sich die Führung seines Ordens in seiner Abwesenheit heftig zerstritten hat. Nicht schön! 1221 tritt der spätere Heilige deshalb von seinem Amt als Leiter zurück und lebt wieder als Einsiedler – jetzt auf dem Berg La Verna, wo er im Herbst 1226 entkräftet stirbt.

Franz von Assisi, der vor allem ein treuer Anhänger Jesu sein möchte, setzt bei seiner entschiedenen Nachfolge allerdings ganz eigene Akzente. Zum Beispiel behauptet er in seinen Predigten regelmäßig, dass Mensch und Tier gleichermaßen wertvoll seien. Dem »grünen Heiligen« werden zahlreiche dementsprechende Legenden zugesprochen. So soll Franziskus einmal, als er eine Vogelschar sah, auf sie zugelaufen sein und zu ihnen gesprochen haben, weil er fand, Tiere hätten eine Predigt genauso nötig wie Menschen: »Meine Brüder Vögel! Gar sehr müsst ihr euren Schöpfer loben und Ihn stets lieben; Er hat euch Gefieder zum Gewand, Fittiche zum Fluge und was immer ihr nötig habt, gegeben.« Mit ähnlich kindlichem Vertrauen nähert sich der Wanderprediger einem Wolf, der die italienische Stadt Gubbio in Angst und Schrecken versetzt und vor dem man ihn eindringlich warnt: »Hüte dich, Bruder Franz! Geh nicht vors Stadttor! Der Wolf hat schon viele gefressen, er wird auch dich jämmerlich töten!« Doch wie könnte es bei einem Heiligen anders sein: Der Ordensgründer lässt sich nicht beirren, nennt den Wolf freundlich »Bruder« und zähmt ihn allein durch seine betörende Gegenwart.

Ein anderes Mal entschließt sich Franziskus, in einer Felsnische bei Greccio die Weihnachtsgeschichte mit einem echten Ochsen und einem leibhaftigen Esel zu präsentieren, um sie für die armen Menschen möglichst anschaulich zu machen. Echte Franziskusfans sind seither überzeugt, dass der eigenwillige Italiener als wahrer Erfinder des Krippenspiels geehrt werden sollte.

Kein Wunder, dass viele in Franziskus den ersten Tierschützer der Geschichte sehen. Sein Todestag, der 4. Oktober, wird inzwischen als Welttierschutztag gefeiert, und Papst Johannes Paul II. ernennt den Ordensgründer 1980 zum Schutzherren von Umwelt und Ökologie. Beide Worte kannte Franziskus zwar noch nicht, verdient hat er den Titel dennoch.

Neben seiner Tierliebe kommt seine Verbundenheit mit der Schöpfung auch in seinem »Sonnengesang« zum Ausdruck: »Gelobt seist du, mein Herr, mit allen deinen Geschöpfen, besonders dem Herrn Bruder Sonne, der uns den Tag schenkt und durch den du uns leuchtest. Schön ist er und strahlend in großem Glanz: von dir, Höchster, ein Sinnbild.«

Bis heute gilt Francesco als Urtyp des Aussteigers, des kritischen Zeitgenossen, der sich dem Mainstream widersetzt, der einen alternativen Lebensentwurf gestaltet und deutlich macht: Nur weil die Mehrheit in einer bestimmten Art und Weise lebt, heißt das nicht, dass sie sich nicht irren kann. Ja, für ihn ist die Botschaft Jesu ein Aufruf, lieb gewordene Gewohnheiten infrage zu stellen und regelmäßig zu prüfen, ob die Welt noch auf dem richtigen Weg ist – oder ob sie sich schon lange von der Wahrheit entfernt hat.

Wie sehr sich Franziskus mit Jesus identifiziert hat, zeigt die Überlieferung, nach der 1224 im Beisein seiner Brüder an seinen Händen, Füßen und seinem Leib auf einmal die Stigmata, die Wundmale Jesu, zu sehen gewesen sein sollen. Als verkörpere der Italiener nicht nur dessen Botschaft, als wäre er eins mit ihr. Das sein, was man glaubt: Mehr kann sich ein Weltveränderer nicht erhoffen.

*»Gegen die Nacht
können wir nicht ankämpfen,
aber wir können
ein Licht anzünden.«*

Edward SNOWDEN

*1983

»Es hat schon immer Zeiten in Amerikas Geschichte gegeben, in denen, das Richtige zu tun, nicht legal war. Manchmal muss man das Gesetz brechen, um das Richtige zu tun.« Am 6. Juni 2013 veröffentlichen die britische Tageszeitung *The Guardian* und die amerikanische *Washington Post* geheime Dokumente, die eindeutig belegen: Sowohl die Vereinigten Staaten als auch Großbritannien nutzen Computerprogramme, mit denen sie weltweit die internetbasierte Kommunikation der Menschen überwachen; und das unabhängig von irgendwelchen Verdachtsmomenten. Mit anderen Worten: Jede und jeder von uns wird von den Geheimdiensten ausspioniert. Und zwar ständig! Ein Umstand, der nicht nur in Deutschland klar dem Grundgesetz widerspricht.

Edward Snowden heißt der Whistleblower, also der Informant, der diese geheimen Vorgänge enthüllt: Während seiner Arbeit als Systemadministrator für die US-Geheimdienste hat der junge Mann zunehmend mit vertraulichen Daten zu tun. Und was er dabei entdeckt, gefällt ihm gar nicht: »Ich erkannte, dass ich Teil von etwas geworden war, das viel mehr Schaden anrichtete, als Nutzen brachte.« Edward Snowden fühlt sich im Lauf der Zeit immer unwohler. Vor allem, weil ihm klar wird: Die Überwachungsstrategie der Geheimdienste hat System, sie ist das »Endprodukt einer Politiker- und

Unternehmerschicht, die davon träumt, dich zu beherrschen. Egal wo, egal wann und egal, was du tust: Dein Leben ist zu einem offenen Buch geworden.« Mehrfach versucht er, Vorgesetzte über seine Bedenken zu informieren, findet aber kein Gehör.

Für Snowden wird diese Entdeckung zu seinem Luther-Moment. Denn: Was mache ich, wenn ich herausfinde, dass mein Arbeitgeber – um es mal deutlich zu sagen – ein »Schwein« ist, einer, der mit illegalen Methoden den Menschen und der Gesellschaft als Ganzes schadet? Stelle ich mich dumm und verkünde (wie unzählige Nazis nach dem Zweiten Weltkrieg): »Ich bin ja nur ein winziges Rädchen im großen Getriebe. Mich trifft keine Schuld!«, lasse ich mich von oberflächlichen Rechtfertigungsmustern beruhigen (»Das Abhören der eigenen Bürgerinnen und Bürger dient doch nur der Terrorprävention!«) oder habe ich den Mut, Falsches als falsch zu benennen? Schaffe ich es, mir ehrlich einzugestehen, dass ich als Teil von etwas Illegalem mitverantwortlich für all das Falsche bin, was daraus entsteht? Für Snowden ist klar: »Ich möchte nicht Teil einer Kultur der Unterdrückung sein.« Daraufhin fällt der Amerikaner eine mutige Entscheidung …

Dabei ist seine Situation äußerst schwierig. Zwar gibt es in den USA ein Whistleblowergesetz, das Menschen wie ihm Schutz bieten soll, allerdings gilt es nur für Staatsangestellte. Das heißt: Edward Snowden, der zu diesem Zeitpunkt Mitarbeiter des externen Dienstleisters

»Booz Allen Hamilton« ist, kann sich nicht auf dieses Gesetz berufen. Ihm ist deshalb schnell klar, dass er – wenn er tatsächlich Beweise für das Vorgehen der Geheimdienste öffentlich macht – sein Heimatland verlassen muss, will er nicht im Gefängnis landen. Das bedeutet, dass er seine Freundin, seine Familie und seine Heimat über lange Zeit nicht mehr sehen kann. Zudem weiß Snowden, dass viele Menschen einen solchen Schritt als Verrat ansehen werden und er sich zahlreiche Feinde schaffen wird. Später schreibt er: »Ich traf die Vorbereitungen eines Mannes, der damit rechnet, zu sterben.« Seine Worte zeigen eindrücklich, wie hoch der Preis ist, den Weltveränderer häufig bezahlen müssen.

Es gelingt dem Amerikaner, rund 1,7 Millionen streng geheime Dateien auf SD-Karten zu kopieren. Damit reist er erst einmal nach Hongkong, wo er sich sicherer fühlt, und informiert von dort aus mehrere Journalisten, die sofort die Brisanz der Informationen erkennen: Nicht nur, dass die amerikanischen und britischen Geheimdienste die weltweite Kommunikation mit verschiedenen Programmen abhören (die so kryptische Namen tragen wie »Tempora«, »XKeyscore«, »PRISM«, »Stellarwind« oder »Boundless Informant«), sie speichern die gewonnenen Daten auch langfristig und scheuen nicht einmal davor zurück, die Staatschefs befreundeter Nationen systematisch abzuhören. Ein Aufschrei geht um die Welt. Zu Recht.

Bei ihrer Veröffentlichung am 6. Juni verschweigen die Zeitungen den Namen des Informanten noch, aber

Snowden ahnt, dass es nur eine Frage der Zeit ist, bis seine Identität aufgedeckt wird. Also gibt er dem *Guardian* drei Tage später ein Interview, in dem er sich als Quelle der Daten outet. Sofort annulliert die US-Regierung seinen Pass, sodass er quasi staatenlos wird. Und das FBI (»Federal Bureau of Investigation«, die Sicherheitsbehörde der Vereinigten Staaten) klagt ihn gleich dreifach an: wegen »Diebstahls von Privateigentum«, »Weitergabe vertraulicher Informationen« und »Spionage« – drei Tatbestände, für die ihm jeweils bis zu zehn Jahre Haft drohen. Hinzu kommt, dass kaum ein Jurist davon ausgeht, dass Snowden in den USA mit einem fairen Verfahren rechnen kann.

Von nun an muss der Whistleblower ständig fürchten, dass er ausgeliefert wird. Also flüchtet er aus Hongkong, das ihn zwar nicht festnimmt, aber auch keine langfristige Aufenthaltsgenehmigung ausstellen will. Hilfe bekommt er dabei von Julian Assange und Wikileaks. Am Ende eines spektakulären Roadmovies landet Snowden in Moskau, wo er zumindest vorerst sicher ist. Traurigerweise lehnen alle westlichen Länder den Asylantrag des Informanten ab, auch die Bundesrepublik Deutschland. Offensichtlich aus Sorge, es sich mit dem mächtigen Bündnispartner jenseits des Atlantiks zu verscherzen. So lebt Edward Snowden bis heute in Moskau. Inzwischen immerhin mit seiner ehemaligen Freundin und heutigen Frau Lindsay Mills, die ihm nach einigen Jahren nachreisen konnte und die ihn in seinem Kampf für die Wahrheit unterstützt.

Eigentlich ist der 1983 geborene Whistleblower Snowden alles andere als ein Verräter, er ist sogar ein echter Patriot: Er meldete sich freiwillig für einen Einsatz im Irakkrieg, er arbeitete lange für die CIA (»Central Intelligence Agency« – den Auslandsgeheimdienst der USA), und er war bereit, für seine Regierung in verschiedensten Ländern der Erde zu wohnen. Dabei wird deutlich: Der Systemadministrator hat sein Land nicht »verraten«, weil er ihm schaden wollte, sondern weil er merkte: Hier geschieht Unrecht. Unrecht, das den Menschen meines Landes, und langfristig auch diesem selbst, Schaden zufügt. Auch Edward Snowden ist nicht *gegen* etwas, sondern *für* etwas: nämlich für eine Gesellschaft, in der die Privatsphäre einen hohen Stellenwert hat und in der nicht jede und jeder automatisch unter Generalverdacht gestellt wird: »Ich möchte nicht in einer Welt leben, in der alles, was ich sage, alles, was ich tue, aufgezeichnet wird. Das sind nicht die Umstände, unter denen ich leben möchte.«

Inzwischen erklärt auch der ehemalige amerikanische Vizepräsident Al Gore, dass das flächendeckende Sammeln und Speichern privater Kommunikationen keineswegs dem »American Way of Life« entspreche. Nun: Auch wenn die Arbeit der Geheimdienste seit 2013 nur an wenigen Stellen erkennbar eingeschränkt wurde, haben die großen Anbieter von Kommunikationsplattformen (von Apple über Google bis Whatsapp) aufgrund der Enthüllungen von Edward Snowden ihre Sicherheitsstandards so erhöht, dass es heute (auch für

Geheimdienste) deutlich schwerer geworden ist, auf persönliche Daten zuzugreifen.

Natürlich betonen die von Edward Snowden Bloßgestellten regelmäßig, sie wollten ja nur das Beste für die Menschen, aber dieser hat einmal sehr klug bemerkt: »Politik ist die Kunst, anständige Leute vergessen zu lassen, dass das geringere von zwei Übeln immer noch ein Übel ist.«

Weltveränderer sind anscheinend Menschen, die sich nicht so leicht davon überzeugen lassen, dass das Leben immer aus Kompromissen besteht. Manchmal ist ein Kompromiss falsch. Manchmal gilt es, klar Ja oder Nein zu sagen und sich zur Wahrheit zu bekennen. Der Whistleblower aus North Carolina hat das erkannt.

*»Ich habe mit dem,
was ich tat, mein Leben bis auf
den Boden heruntergebrannt.
Aber ich würde es jedes Mal
wieder genauso tun.
Denn so entsteht ja auch neuer,
fruchtbarer Boden.«*

*»Die Wahrheit ist unterwegs, und
niemand kann sie aufhalten.«*

Nadia MURAD

*1993

Weltveränderer sind immer Betroffene. Entweder, weil sie das Unrecht, das sie überwinden wollen, am eigenen Leib erfahren haben, oder, weil sie sich so sehr in die Not und die Leiden bestimmter Menschen hineinversetzen können, dass ihnen schon das »Mitleiden« Qualen bereitet. Weltveränderung gibt es nicht ohne Empathie und Solidarität. Und nicht ohne Hoffnung! Hoffnung darauf, dass ein Ende des Schreckens möglich ist.

Nadia Murad gehört – wie einige der in diesem Buch vorgestellten Persönlichkeiten – zu denen, die die Abgründe menschlicher Unmenschlichkeit selbst durchschreiten mussten: Am 3. August 2014 überfallen Terroristen des sogenannten Islamischen Staates ihr Heimatdorf Kocho im Norden des Iraks, in der Nähe der Stadt Şengal am Fuß des Dschabal Sindschar. Nadia und die meisten anderen Mädchen und Frauen werden zu Beginn des Angriffs in der Schule eingesperrt und müssen durch die Fenster mit ansehen, wie innerhalb weniger Stunden die 700 Männer des Ortes von den Dschihadisten ermordet werden. Darunter auch Nadias sechs Brüder und weitere elf Mitglieder ihrer Familie.

Anschließend rauben die Verbrecher alle Wertgegenstände, die sie in den Häusern von Kocho finden, und verschleppen die eingesperrten Frauen aus der Schule, um sie in Mossul als Sexsklavinnen zu halten. Nadia sagt: »Wir wurden als Beute unter den Kämpfern aufgeteilt. Wenn einer fertig war, gab er uns an den nächsten weiter.« Immer wieder wird Nadia in den kommenden Wochen vergewaltigt und gefoltert. Zum Objekt degradiert. Auch, weil sie als »Ungläubige« für die Islamisten ohnehin keine Daseinsberechtigung hat. Es ist vermutlich der größtmögliche Grad an Demütigung, Verletzung und Erniedrigung, den ein Mensch erleiden kann.

Doch dann – nach drei Monaten – gelingt der jungen Frau wie durch ein Wunder die Flucht: Durch ein offen stehendes Fenster entkommt sie ihren Peinigern und schafft es mit der Unterstützung einer benachbarten Familie, ein Flüchtlingslager bei Dohuk im kurdischen Grenzgebiet zu erreichen. Dort findet sie nicht nur Zuflucht, sondern erfährt auch von einem Flüchtlingssonderkontingent des Landes Baden-Württemberg, das mehr als 1000 traumatisierten Frauen aus dem Nordirak die Chance auf einen Neuanfang in Deutschland und die Möglichkeit einer psychotherapeutischen Betreuung bietet. Seither lebt sie anonym in der Nähe von Stuttgart.

Irgendwann in den Wochen nach ihrer Rettung fällt Nadia Murad eine Entscheidung: Sie wird nicht schweigen. Und das, obwohl das Thema Vergewaltigung bei der religiösen Minderheit der Jesiden, zu der sie gehört, von jeher schambesetzt ist und die betroffenen Familien es als Schande ansehen, ein solches Schicksal zu erleiden. Während über Entführungen, Überfälle und Morde selbstverständlich geredet wird, ist Vergewaltigung ein Tabu. Und interessanterweise sind es bis heute meist die Männer, die den betroffenen Frauen verbieten, über ihre verstörenden Erfahrungen mit sexualisierter Gewalt zu sprechen.

Genau diesen Teufelskreis des Schweigens durchbricht Nadia und geht an die Öffentlichkeit.

Dabei sagt sie selbst: »Es wird nie einfacher, deine Geschichte zu erzählen. Denn jedes Mal, wenn du davon sprichst, erlebst du sie aufs Neue.« Dass sie es dennoch wagt, hängt damit zusammen, dass einige ihrer Freundinnen noch immer in der Gewalt des IS sind, bis heute – und damit, dass sie aufgrund des positiven Ausgangs ihrer eigenen traumatischen Geschichte weiter an die Überwindung des Bösen glauben möchte: »Veränderung kann passieren, wenn man es am wenigsten erwartet. Ich weiß, dass das wahr ist, weil sich mein Leben von einem Moment auf den anderen verändert hat.«

Das heißt: Anstatt an ihren Erfahrungen zu zerbrechen, beginnt Nadia Murad, der Welt von ihrem Schicksal zu berichten. Manchmal überkommt sie sogar das Gefühl, dass sie überhaupt nur überlebt hat, um von ihrem Leiden erzählen zu können. Um eine Geschichte erzählen zu können, die stellvertretend für jahrtausendealte Unterdrückungsmechanismen steht: die Entwürdigung und Ausbeutung der Frau.

Und weil sie zu Recht von sich auf andere schließt, nennt die tapfere Jesidin ihre Biografie: *Ich bin eure Stimme.*[6] Die Stimme aller missbrauchten Frauen, aber auch die Stimme der Jesiden. Denn Nadia Murad ist der festen Überzeugung, dass hinter den brutalen Angriffen des Islamischen Staates zuallererst ein Genozid steckt, die geplante Vernichtung ihrer kleinen Glaubensgemeinschaft, die den Islamisten schon lange ein Dorn im Auge ist.

Warum? Weil die Jesiden eine ethnisch-religiöse Minderheit sind, die einen eigenen monotheistischen Glauben hat. Dieser Volksstamm ist der Überzeugung: Es gibt einen allmächtigen Gott, der die Welt als kostbare Perle geschaffen hat, aus der wiederum sieben heilige Engel das Universum geformt haben. Da bei den Jesiden keine heiligen Schriften existieren, werden die Geschichten und Überlieferungen, die das Volk mit seinem Gott verbinden, ausschließlich in Hymnen und Bräuchen weitergetragen: etwa die vom Hauptengel Melek Taus, dessen Zeichen ein blauer Pfau ist und der als Mittler zwischen Gott und seinen Geschöpfen fungiert. Ein besonderes Kennzeichen der jesidischen Religionsgemeinschaft ist zudem, dass ausschließlich diejenigen dazugehören, deren Eltern ebenfalls Jesiden waren. Ein Umstand, der dazu führt, dass Jesiden endogam leben, also nur untereinander heiraten, weil sie sonst aus der religiösen Gemeinschaft ausgeschlossen würden. Zurzeit, so die Schätzungen, gibt es weltweit etwa eine Million Jesiden, davon leben rund 200 000 in Deutschland im Exil – und Nadia Murad setzt sich als eine von ihnen weiter dafür ein, dass die Taten des Islamischen Staates gegen ihre Glaubensgemeinschaft vor dem Internationalen Strafgerichtshof als Völkermord verhandelt werden. Prominente Unterstützung bekommt sie dabei unter anderem von Amal Clooney, die wie Nadia Murad sagt: »Das jesidische Volk soll seine Träume wiedererlangen können.«

Wenn Nadia Murad heute gegen den IS kämpft, dann kämpft sie zugleich gegen alle Ideologien, in denen Frauen sexuell unterdrückt werden. Und sie engagiert sich mit ihrer Stiftung »Nadias Initiative« dafür, dass Frauen gezielt und nachhaltig gefördert werden, um die Muster, die die Gewalt gegen sie ermöglichen, überwinden zu können. Dabei hat die Jesidin natürlich nach wie vor speziell die gefangenen Frauen im Blick, die wie sie verschleppt wurden: »Jedes Mal, wenn ich einen Anruf von einem Camp im Irak bekomme, dass wieder jemand befreit wurde, werde ich von Freude überwältigt.«

Nadia Murad, die inzwischen als Menschenrechtsaktivistin und UN-Sonderbotschafterin für die Würde der Überlebenden von Menschenhandel arbeitet, hat wesentlich dazu beigetragen, dass sexuelle Gewalt als Machtmittel in kriegerischen Auseinandersetzungen deutlicher wahrgenommen und härter geächtet wird. Und nicht nur das: Sie hat der Menschheit einmal mehr gezeigt, dass selbst (oder gerade) zutiefst verabscheuungswürdige Erlebnisse dazu beitragen können, etwas zu bewegen und auf Themen aufmerksam zu machen, die die Menschen viel zu lange ignoriert haben.

2018 hat die tapfere Jesidin für ihr Engagement den Friedensnobelpreis bekommen. Doch noch ist sie nicht am Ziel: »Der größte Preis wäre für mich, wenn der IS endlich besiegt und vor Gericht gestellt würde. Für den Völkermord und die furchtbaren Dinge, die er getan hat.«

Niemand verändert die Welt mit Scham. Die Welt verändert man durch Wahrheit. Und Nadia Murad zeigt eine Wahrheit, die so kraftvoll ist, dass sie nicht in Wut, sondern in Ermutigung, nicht in Gewalt, sondern in Hoffnung, nicht in Lähmung, sondern in Aktivität mündet.

*»Wir dürfen uns
die bessere Welt für Frauen,
Kinder und verfolgte
Minderheiten nicht nur vorstellen;
wir müssen ständig daran
arbeiten, dass sie wahr wird –
durch Menschlichkeit,
nicht durch Krieg.«*

»Ich bin eure Stimme!«[6]

Greta
THUNBERG

*2003

In seinem Märchen »Des Kaisers neue Kleider« erzählt der dänische Schriftsteller Hans Christian Andersen von zwei Betrügern, die dem Kaiser einreden, nur kluge und würdige Menschen könnten die herrlichen neuen Gewänder sehen, die sie für viel Geld für ihn gewebt haben. Und weil niemand bei Hofe – der Kaiser inbegriffen – als dumm gelten will, preisen alle die vermeintlichen Kleider in den höchsten Tönen: »Ach, sind die schön!« Die offensichtliche Wahrheit wird von allen ignoriert. Bis ein Kind auf der Straße ruft: »Der Kaiser ist ja nackt!« – und die Umstehenden einsehen: »Es hat recht, wir haben uns täuschen lassen.«

2018 hat sich wieder ein Kind in Skandinavien auf die Straße gestellt und gerufen. Diesmal nicht »Der Kaiser ist nackt!«, sondern: »Unsere Erde steht am Abgrund!« Das Mädchen heißt Greta Thunberg – und wie bei Hans Christian Andersen geht es ihr darum, dass eine offensichtliche Tatsache nicht länger von den Massen ignoriert wird: Die Menschen können sich noch so sehr einreden, mit der Umwelt sei – von kleineren Blessuren abgesehen – alles in Ordnung, die wissenschaftlichen Fakten sprechen eine andere Sprache: Wenn nicht bald gehandelt wird, erlebt diese Erde einen Kollaps, der vor allem auf Kosten der nachkommenden Generationen gehen wird. »Schaut endlich hin! Die Erde ist krank!«

Die damals 15-jährige Schülerin Greta, die zum ersten Mal am 20. August 2018 während ihres Unterrichts mit einem Schild »Schulstreik für das Klima« vor dem schwedischen Reichstag stand, hat die Welt verändert wie kaum eine Jugendliche vor ihr: Aus der Aktion eines einzelnen Mädchens wurde in kürzester Zeit die weltweite Bewegung »Fridays for Future«, die regelmäßig Hunderttausende von Schülerinnen und Schülern auf den Straßen versammelt. Unzählige Interessensgruppen haben sich mittlerweile der Aktionsgemeinschaft angeschlossen (»Scientists for Future«, »Creatives for Future«, »Christians for Future«, »Grandparents for Future«, »Writers for Future« und viele mehr), und das so zerbrechlich wirkende Mädchen wurde schon nach wenigen Monaten zum Weltwirtschaftsforum nach Davos, auf die wichtigsten Klimakonferenzen der Welt und zu Treffen mit Angela Merkel, Barack Obama und dem Papst eingeladen.

Wesentlicher als das öffentliche Ansehen eines Teenagers ist aber: Ihre Initiative hat die weltweite Klimadebatte tatsächlich verändert. Und wie! Der Weckruf Gretas hat dazu beigetragen, dass heute kein Staat mehr die Frage nach den Folgen seines Tuns für die Umwelt ungestraft ignorieren kann. Auch Parteien, Konzerne und Lobbyisten aller Couleur spüren, dass sich ein globales Bewusstsein für Nachhaltigkeit entwickelt, das den Markt spürbar verändert: Inzwischen kaufen immer mehr Menschen lieber regional erzeugten Käse am Stück als drei Scheiben in einer riesigen Plastikverpackung, die nachher die Meere belastet. Auch neu entstandene Begriffe wie »Flugscham« zeigen, dass in der Gesellschaft ein Umdenken stattfindet. Zumindest ansatzweise.

Deshalb war der eigentlich entscheidende Satz, den die sichtlich aufgebrachte Greta Thunberg auf dem UN-Klimagipfel in New York ins Mikrofon donnerte, nicht das vielfach zitierte »How dare you?« (»Wie könnt ihr es wagen?«), sondern die kurze, prägnante Formulierung »The world is waking up!« (»Die Welt wacht auf!«). Ja, die Welt wacht auf. Aus ihrem Tiefschlaf. Aus der Agonie der hörigen Untertanen, die sich viel zu lange haben einreden lassen, sie könnten einfach so weitermachen wie bisher, und die jetzt endlich entdecken: »Dumm sind nicht diejenigen, die die Wahrheit sagen, sondern diejenigen, die sie unter fadenscheinigen, egozentrischen Gesichtspunkten leugnen.« Aufgeweckt von einer Schülerin aus Stockholm.

Wenn Greta Thunberg auftritt, dann sehr bestimmt, was wohl auch damit zu tun hat, dass sie unter dem Asperger-Syndrom leidet, einer Variante des Autismus, die sich u. a. durch die konsequente Fokussierung auf ein Thema bemerkbar macht; eine Symptomatik, die man in dieser Ausprägung manchen Menschen nur wünschen kann.

Energisch macht die Schülerin klar, dass die Welt es sich nicht leisten kann, die Klima-Problematik mit halbherzigen Konzepten anzugehen: »Wie könnt ihr es wagen zu glauben, dass man das lösen kann, indem man so weitermacht wie vorher – nur mit ein paar technischen Lösungsansätzen?« Eine wirkliche Chance bekommt die Umwelt nur, wenn die Wirtschaft endlich nicht mehr wichtiger ist als die Wissenschaft. Denn die verkündet schon seit Langem, dass die Erderwärmung gestoppt werden muss: »Was ich zu erreichen hoffe, ist die Erkenntnis, dass wir einer existenziellen Bedrohung ausgesetzt sind. Dies ist die größte Krise, in der sich die Menschheit je befunden hat. Zuerst müssen wir dies erkennen und dann so schnell wie möglich etwas tun, um die Emissionen aufzuhalten, und versuchen, das zu retten, was wir noch retten können.« Es geht also um einen Systemwechsel, in dem alles der Rettung des Klimas untergeordnet werden muss – weil sonst auf Dauer ohnehin alles verloren ist.

Dabei spielt Greta Thunberg die »Jugendkarte« gekonnt aus, indem sie immer wieder darauf hinweist, welche Frechheit es sei, dass die Erwachsenen ihrem Nachwuchs kaltblütig ein Trümmerfeld hinterlassen: »Du sagst, dass du deine Kinder über alles liebst, und doch stiehlst du ihre Zukunft vor ihren Augen.« Mehr noch: Wenn Erwachsene erkennbar nicht in der Lage seien, die Herausforderungen zu bewältigen, könne es so nicht weitergehen: »Da sich unsere Politiker wie Kinder verhalten, müssen wir die Verantwortung übernehmen, die sie schon längst hätten übernehmen sollen.«

Um deutlich zu machen, dass es sehr wohl möglich ist, anders zu leben, ernährt sich Greta, die Tochter einer Opernsängerin und eines Schauspielers, streng vegan, sie schaltet jedes Mal das Licht aus, wenn sie einen Raum verlässt, und sie weigert sich bis heute, mit dem Flugzeug zu reisen, selbst zu weiter entfernten Orten. Ein Umstand, der ihr viel Häme einbrachte, als sie mit einem Katamaran nach New York segelte und ihre Crew mit dem Flugzeug zurückflog. Kritiker warfen ihr damals vor, dass es weniger CO_2 verbraucht hätte, wenn sie selbst geflogen wäre.

Ohnehin zeigen die Angriffe auf Greta deutlich, mit welchen Mechanismen Weltveränderer rechnen müssen: Anstatt sich ernsthaft auf die von der Schülerin geforderte Diskussion einzulassen, wurde zum Beispiel in Deutschland erst einmal wochenlang aufgeregt darüber diskutiert, ob es denn rechtens sei, dass schulpflichtige Kinder für Demonstrationen Unterricht verpassen. Nach dem schlichten Motto: »Wer sich vor einer Auseinandersetzung drücken will, der macht irgendeinen Nebenschauplatz auf, um vom eigentlichen Thema abzulenken.« Ein Phänomen, mit dem sich fast alle Erneuerer konfrontiert sehen. Greta Thunberg nimmt die Diskussion um verloren gegangene Schulstunden aber gelassen: »Viele von euch scheinen besorgt zu sein, dass wir wertvolle Unterrichtszeit verschwenden, aber ich versichere euch, dass wir in dem Moment wieder zur Schule gehen, in dem ihr anfangt, der Wissenschaft zuzuhören.«

2019 kürt das US-amerikanische *Time magazine* den zukunftsweisenden Teenager zur »Person des Jahres«, zur einflussreichsten Persönlichkeit der Welt. Mit der Begründung, Greta habe es geschafft, »die Sorgen über den Planeten in eine weltweite Bewegung zu verwandeln, die einen globalen Wandel verlangt«. Greta freut sich über diese Auszeichnung zwar, weist aber darauf hin, dass es nicht um Anerkennung gehe, sondern darum, endlich zu handeln: »Wir müssen heute anfangen. Wir haben keine Ausreden mehr.«

»Ich habe gelernt,
dass niemand zu klein ist,
einen Unterschied
zu machen.«[7]

Aung San SUU KYI

*1945

Lange Zeit wurde Aung San Suu Kyi weltweit als Ikone der Freiheit, als gewaltlose Streiterin gegen die Macht der Militärs in Burma und als mutige Vorreiterin im Kampf gegen die Unterdrückung ihrer Landsleute verehrt und gefeiert. Immer wieder wurde die »Lady«, wie sie respektvoll von ihren Anhängern genannt wird, dabei mit Nelson Mandela verglichen. Weil sie, wie er, lange Jahre für ihre Ideale auf ihre persönliche Freiheit verzichten musste. Suu Kyi kam zwar nicht ins Gefängnis, stand aber 15 Jahre unter Hausarrest – und diese »abgemilderte« Variante der Einkerkerung verdankt sie vermutlich nur der Tatsache, dass sie die Tochter von Aung San ist, einem Kommandeur der »Burma Independence Army«, der in Burma bis heute als Volksheld verehrt wird.

Doch dann kam der große Bruch – und zwar in mehrfacher Hinsicht: Die »Lady« wurde 2010 von der Militärregierung in die Freiheit entlassen, übernahm kurz darauf den Vorsitz der von ihr 1988 mitgegründeten »Nationalen Liga für Demokratie« (NLD) und errang bei den Parlamentswahlen von 2015 die absolute Mehrheit. Auch wenn sie nicht das Amt der Präsidentin innehat, ist Aung San Suu Kyi in der Doppelrolle als Außenministerin Burmas und als sogenannte Staatsberaterin faktisch die Regierungschefin. Allerdings in einer Regierung, die immer noch von den Militärs gesteuert wird. Dass sie gemeinsame Sache mit denen macht, die sie vorher so stark kritisiert hat, legen ihr viele als Doppelmoral, ja, als Verrat aus. Der »Lady« wird dabei vor allem vorgeworfen, dass sie als politisch unerfahrene Quereinsteigerin zur Handlangerin gerade jener Clique von Generälen geworden sei, die sie jahrzehntelang bekämpft hat. Und dass sie sich in dieser Rolle auch nicht deutlich genug für die Rohingya einsetze, einen muslimischen Volksstamm im Westen Burmas, dessen Vertreibung und systematische Ermordung inzwischen vor dem Internationalen Strafgerichtshof als Völkermord verhandelt wird. Dabei hat die »Lady« selbst einmal gesagt: »Überall, wo Leiden ignoriert wird, finden wir die Saat für Konflikte.«

Aung San Suu Kyis nur sehr zögerliche Distanzierung von diesen Gräueltaten und ihre bislang ausgebliebene Verurteilung der Gewalt haben sogar dazu geführt, dass ihr mehrere der Auszeichnungen, die sie erhalten hat, wieder aberkannt wurden. Nicht zu Unrecht: Wie kann eine Frau, die ihr Leben lang für die Menschenrechte gekämpft hat, den Rohingya genau diese Menschenrechte nur in verminderter Form zugestehen? Kanada hat Suu Kyi die 2007 verliehene Staatsbürgerschaft wieder entzogen – und zum ersten Mal in der Geschichte des Friedensnobelpreises wird ernsthaft darüber diskutiert, ob diese besondere Ehrung, die sie 1991 erhalten hat, annulliert werden kann. Was für ein Absturz.

Insofern lautet die unangenehme Frage, die gestellt werden muss: Kann man diese Frau als Weltverändererin bezeichnen? Eine Politikerin, die zwar genau weiß, welche gestörten Verhältnisse sie überwinden will, die aber in der Wirklichkeit, so empfinden es viele, selbst an den Strukturen scheitert? Reicht zur Erneuerung der Welt ein Unrechtsbewusstsein, oder gehört dazu auch ein funktionierender Lösungsansatz? Muss ein Idealist jemand sein, der es in der Praxis besser kann und macht als diejenigen, deren Verhalten er anprangert? Sprich: Muss jemand, der Unrecht benennt und demonstrativ für den Frieden eintritt, es besser können, wenn er selbst an der Macht ist?

Schwer zu sagen. Natürlich wäre es wünschenswert, dass ein Weltveränderer auch gleich ein paar Universalrezepte für die Behebung der Konflikte mitbringt, aber niemand kann sagen, ob Mahatma Gandhi (Seite 98), Dietrich Bonhoeffer (Seite 66) oder Florence Nightingale (Seite 120) vorbildliche Politiker geworden wären – und ob sich Martin Luther als Papst bewährt hätte. So wie niemand mit Sicherheit sagen kann, ob die »Lady« einfach nur die buddhistische Mehrheit in Burma (die das Vorgehen gegen die Rohingya großenteils billigt) nicht verärgern will oder wer oder was ihr sonst Angst einjagt. Denn natürlich gilt auch für sie ihre eigene Erkenntnis: »Nicht Macht korrumpiert die Menschen, sondern Furcht.«

Zumindest kann keiner behaupten, Aung San Suu Kyi wäre nicht bereit gewesen, für ihre Ideale einen hohen Preis zu zahlen: Neben den endlosen Phasen des Hausarrests, in denen sie unter anderem ihren Ehemann fast fünf Jahre lang (bis zu dessen Tod 1999) nicht sehen darf, wird ihr erster erdrutschartiger Wahlsieg von 1990 von den Militärs nicht anerkannt. Von den Parlamentswahlen 2010 wird sie durch ein spezielles Wahlgesetz ausgeschlossen, und immer wieder erlebt sie unter dem Vorwand, sie gefährde die staatliche Sicherheit, massive Drohungen und Gewalt.

Dabei hätte es sich Aung San Suu Kyi auch einfach machen können. Immerhin hat sie die längste Zeit ihres Lebens im Ausland verbracht – und wäre sie dortgeblieben, hätte sie ihr Leben in Freiheit verbringen können. Aungs Mutter, Ma Khin Kyi, wurde nämlich von den Machthabern Burmas schon bald nach dem Tod ihres Mannes als Botschafterin nach Indien geschickt, damit sie als Witwe des Volkshelden nicht zu viel Macht bekommen oder gar den Regimegegnern zuarbeiten konnte. Deshalb lebt Aung San Suu Kyi ab 1960 in Neu-Delhi, wo sie auch ihren Highschool-Abschluss macht. Ab 1964 studiert sie in Oxford Philosophie, Politik und Wirtschaft. Anschließend arbeitet sie im UN-Sekretariat in New York und engagiert sich ehrenamtlich in einem Krankenhaus. 1972 heiratet die Burmesin dann ihren langjährigen Freund Michael Aris, einen Tibetologen, mit dem sie zurück nach Oxford zieht. Im Lauf der kommenden Jahre bekommt das Paar die Söhne Alexander und Kim – und Aung San Suu Kyi fängt an, sich intensiver mit der Geschichte ihres Heimatlandes zu beschäftigen. Vor allem mit dem Leben ihres Vaters, der damals für die Unabhängigkeit Burmas gekämpft hat und über den sie 1984 ein Buch veröffentlicht.

Dann, Ende der 80er-Jahre, wird die Mutter von Aung schwer krank – und sie entscheidet sich, nach 28 Jahren wieder nach Burma zurückzukehren. Ein folgenschwerer Entschluss, denn die »Lady« gerät mitten in den Sturz des Militärdiktators Ne Win und die damit verbundenen Volksaufstände. Es ist eine Umbruchszeit, die der späteren Politikerin Hoffnung auf eine nachhaltige demokratische Entwicklung macht. Doch schon wenige Wochen nach dem Putsch reißt eine neue Militärregierung die Macht an sich. Für Aung San Suu Kyi das Motiv, die »Nationale Liga für Demokratie« zu gründen – als Opposition gegen das Unrechtsregime. Kurz darauf beginnt ihr Leidensweg von Hausarrest zu Hausarrest.

Heldin oder nicht? Das ist hier die Frage! Und: Verlieren die Äußerungen Aung San Suu Kyis zur Freiheit, zur Demokratie und zum gewaltfreien Widerstand ihre Kraft, weil diejenige, die sie ausgesprochen hat, nach Meinung vieler, den eigenen Ansprüchen nicht gerecht wird? Ist ihr Satz »Sicherheit, Freiheit, Würde: Wenn wir diese drei hätten, könnten wir sagen, dass es gut ist, in diese Welt geboren zu werden« nicht auch dann richtig, wenn sie selbst nicht dafür sorgen kann, dass die Rohingya diese Werte erfahren?

Wir merken: Das, was einen Menschen zum Weltveränderer macht, sind und bleiben die großen Visionen, die sie oder ihn antreiben. Und es sind genau diese Visionen, die für eine grundlegende Erneuerung der Gesellschaft sorgen. Das bedeutet nicht, dass diejenigen, die zum Katalysator solcher Träume werden, automatisch idealtypische Verkörperungen dieser erhofften Werte sind. Eine Erkenntnis, die bei aller Ernüchterung auch Entlastung bedeutet: Wer anfangen will, die Welt zu verändern, muss niemandem – auch sich selbst nicht – garantieren können, dass er zugleich der Vollender ist.

*»Das einzige Gefängnis
ist die Angst,
und die einzige wahre Freiheit
ist das Freisein von Angst.«*

*»Sicherheit, Freiheit, Würde:
Wenn wir diese drei hätten,
könnten wir sagen,
dass es gut ist, in diese Welt
geboren zu werden.«*

Clara ZETKIN

1857–1933

Der Schriftsteller Ludwig Thoma nennt Clara Zetkin ein »russisches Mannweib«, und viele andere beschimpfen die mutige Vorkämpferin für Frauenrechte als »rote Emanze«. Verständlicherweise. Denn zu ihrer Zeit, dem ausgehenden 19. und beginnenden 20. Jahrhundert, verkörpert sie *das* Schreckensbild aller bürgerlichen Kreise: Erst lebt Clara in wilder Ehe mit dem russischen Tischler Ossip Zetkin, dessen Namen sie trotz fehlendem Trauschein annimmt und von dem sie 2 uneheliche Kinder bekommt, dann heiratet sie nach Zetkins Tod den 18 Jahre jüngeren Kunstmaler Friedrich Zundel, behält ihren »unrechtmäßigen« Nachnamen aber bei – und trennt sich später von ihrem zweiten Mann auch wieder.

Die »rote Emanze« findet nun mal: Jede Frau darf selbst entscheiden, wie sie leben möchte: verheiratet oder unverheiratet, mit Kindern oder ohne Kinder – und Letzteres, wenn nötig und gewollt, auch durch Schwangerschaftsabbrüche. Außerdem ist sie der Meinung, in einer Beziehung müssen beide Partner absolut gleichberechtigt sein, was auch die gleiche Verantwortung für Haushalt und Kindererziehung umfasst. Im ausgehenden 19. Jahrhundert ein Affront gegen alle Gepflogenheiten der damaligen Moral. Skandalös! Und damit sind wir schon mitten in dem Thema, das Clara

Zetkin wie kein anderes bewegt: die Frauenrechte. Der aufmüpfigen Feministin geht es, im Unterschied zu vielen anderen in jener Zeit aufkommenden Emanzipationsbewegungen, die Clara als snobistische Bemühungen höherer Töchter um das Recht auf akademische Bildung abtut, um grundlegende Veränderungen, die einen gesellschaftlichen Wandel umfassen. Veränderungen, durch die auch die einfache Arbeiterin vollwertiges Mitglied der Gesellschaft wird. Ihre Frage lautet: Was muss sich in der Gesellschaft verändern, damit Frauen dieselben Rechte haben wie Männer?

Bald findet sie für sich eine überzeugende Antwort auf ihr Problem: Befreite Frauen gibt es nur in einem befreiten Staat, und zwar in einem Staat, in dem alle Menschen gleich sind. Also einem sozialistischen: »Die Emanzipation der Frau wie die des gesamten Menschengeschlechts wird ausschließlich das Werk der Emanzipation der Arbeit vom Kapital sein. Nur in der sozialistischen Gesellschaft werden die Frauen wie die Arbeiter in den Vollbesitz ihrer Rechte gelangen.« Oder anders ausgedrückt: »Wie der Arbeiter vom Kapitalisten unterjocht wird, so die Frau vom Manne; und sie wird unterjocht bleiben, solange sie nicht wirtschaftlich unabhängig dasteht.«

Weil der Sozialismus für Clara eher ein Mittel zum Zweck ist als ein wirkliches Ideal und sie zudem einen ausgesprochenen Dickschädel hat, lässt sie sich in den Jahrzehnten ihres Kampfes für Frauenrechte auch von keiner der verschiedenen linken Parteien vereinnahmen. Zwar ist sie fast 40 Jahre lang SPD-Mitglied, doch das hält sie nicht davon ab, 1915, während des Ersten Weltkriegs, die »Internationale Konferenz sozialistischer Frauen gegen den Krieg« zu organisieren – auch wenn sie anschließend wegen ihrer antimilitaristischen Haltung kurzerhand aus der Partei ausgeschlossen wird. 1919 tritt sie – als ohnehin eher linksradikal orientierte Sozialistin – der frisch gegründeten Kommunistischen Partei Deutschlands (KPD) bei, für die sie viele Jahre als Abgeordnete im Deutschen Reichstag sitzt (1920–1933). Dort muss sie sich nun wiederum anhören, sie interessiere sich ohnehin nur für die Frauenfrage; außerdem sei sie im Herzen nach wie vor eine verkappte Sozialistin.

Wer ist diese Frau, die ihrer Zeit so weit voraus ist? Die sich nicht von anderen Meinungen vereinnahmen lässt, sondern stur ihren Weg geht? Geboren wird die »rote Emanze« 1857 als Clara Josephine Eißner in Wiederau bei Rochlitz in Sachsen. Sie ist die Tochter eines freiheitsbewegten Lehrers und einer Frauenrechtlerin, die ihren Nachwuchs schon früh zu den Treffen des »Allgemeinen Deutschen Frauenvereins« (ADF) mitnimmt. Die dort entstehenden Kontakte werden sich für Clara als nützlich erweisen, denn durch sie bekommt sie 1874 in Leipzig ein Stipendium am renommierten Lehrerinnen-Seminar des Steyberschen Instituts und ist nach vier Jahren ausgebildete Fachlehrerin für Fremdsprachen.

Im Jahr ihres Abschlusses beginnt sie, sich in der Sozialistischen Arbeiterpartei Deutschlands (SAP), die sich 1890 als SPD neu konstituiert, zu engagieren, und bekommt sofort den Druck des Staates zu spüren: Im Herbst 1878 erlässt Reichskanzler Otto von Bismarck nämlich das »Sozialistengesetz«, das alle sozialdemokratischen Organisationen verbietet. Für Clara bedeutet das: Sie hat keine Chance auf eine Anstellung in einer öffentlichen Schule.

Einige Jahre schlägt sie sich als Hauslehrerin durch, dann entscheidet sie sich, mit ihrem Lebensgefährten Ossip nach Zürich ins Exil zu gehen. Von dort aus schmuggelt sie eine Weile illegale sozialistische Flugblätter und die Zeitung *Sozialdemokrat* nach Deutschland, bevor sie nach Paris weiterreist. Allerdings kann sich die Familie in Frankreich nur notdürftig mit Sprachunterricht, Übersetzungen und Zeitungsartikeln über Wasser halten.

1890 wird das »Sozialistengesetz« aufgehoben, und Clara kehrt mit ihren Söhnen Maxim und Konstantin nach Deutschland zurück, wo sie wenig später in der SPD Karriere macht. Und was für eine: 1895 wird die Frauenrechtlerin als erste Frau in eine Leitungsposition der Partei berufen und führt ab 1907 nicht nur das Frauensekretariat der SPD, sondern wirkt auch in der »Sozialistischen Fraueninternationalen« mit.

Im Rahmen ihrer Arbeit gibt Clara Zetkin die Frauenzeitschrift *Die Gleichheit* heraus und initiiert 1911 den ersten Internationalen Frauentag, der 1910 auf einer

Frauenkonferenz in Kopenhagen beschlossen wird: »Im Einvernehmen mit den klassenbewussten politischen und gewerkschaftlichen Organisationen des Proletariats in ihrem Lande, veranstalten die sozialistischen Frauen aller Länder jedes Jahr einen Frauentag, der in erster Linie der Agitation für das Frauenwahlrecht dient.« Seit 1921 wird dieser Weltfrauentag am 8. März gefeiert – bis heute.

Nach ihrem Wechsel in die KPD ändert sich das Tätigkeitsfeld Clara Zetkins nur wenig: Sie engagiert sich weiterhin politisch, jetzt im Reichstag und als Mitglied des Zentralkomitees der KPD, sie leitet mehrere Zeitungen (unter anderem *Die Kommunistin* und *Die kommunistische Fraueninternationale*) und entwickelt die maßgeblichen Leitlinien für die Frauenarbeit ihrer Partei.

Ab 1920 lebt sie erst zeitweise, dann immer länger in der Sowjetunion, wo sie sich mit Lenin und seiner Frau Nadeschda Krupskaja anfreundet. Am 20. Juni 1933, kurz nachdem die KPD und drei Tage bevor die SPD von den Nationalsozialisten verboten wird, stirbt Clara Zetkin im russischen Erholungsheim Archangelskoje bei Moskau. Ihre Urne wird an der Kremlmauer beigesetzt, getragen von Josef Stalin und Wjatscheslaw Molotow.

Rund 50 Jahre lang prägt Clara Zetkin die internationale proletarische Frauenbewegung und wird als begabte Rednerin eine ihrer großen Leitfiguren. Kurz gesagt: Die Emanzipation wäre heute nicht da, wo sie ist, wenn diese Kämpferin nicht gegen alle Widerstände für die Zukunft der Frauen eingestanden wäre.

Im Sommer 1932 kehrte die schwer kranke, fast erblindete 75-Jährige übrigens noch einmal nach Deutschland zurück – um als Alterspräsidentin einen Deutschen Reichstag zu eröffnen, in dem die NSDAP zum ersten Mal stärkste Kraft war. In ihrer Rede forderte Clara Zetkin die demokratischen Kräfte leidenschaftlich auf, sich gegen den Nationalsozialismus zusammenzuschließen. Weil sie wusste: Die Welt verändern können nur diejenigen, die miteinander an das Gute glauben. Oder um es in ihren Worten zu sagen: »Ich will dort kämpfen, wo das Leben ist. Alle große Kunst lebt von dem geistigen Herzblut einer großen Gemeinschaft.«

Die Welt verändern

25 Geschichten, die Geschichte geschrieben haben. 25 Menschen, die die Welt bis heute mit ihrer Botschaft prägen. Und 25 Erfahrungen, die zeigen, dass es sehr wohl möglich ist, die Gesellschaft zu verändern – wenn eine Frau oder ein Mann den Mut aufbringt, gegen Unrecht und Gewalt und für die eigenen Träume von einer heileren Zukunft aufzustehen. Eben zu sagen: »Hier stehe ich! Ich kann nicht anders.«

Die 25 biografischen Streiflichter erweisen sich vor allem deshalb als so anrührend, weil sie uns eindrücklich vor Augen führen, welchen Idealen diese Menschen gefolgt sind und folgen. Idealen, die sie befähigen, einen Unterschied zu machen. Denn eines ist sicherlich deutlich geworden: Die weltweite Gemeinschaft entwickelt sich durch solche Wegbereiterinnen und Wegbereiter spürbar weiter. Sie wird gerechter, freier und vor allem reifer. Das ist ermutigend. Und motivierend.

Umso nachdrücklicher stellt sich die eingangs schon erwähnte Frage: Können wir von derart wirkmächtigen Erzählungen etwas für unsere eigene Existenz und unser Tun lernen? Und können wir selbst einen Beitrag für die Zukunft leisten? Ich bin überzeugt: Ja, das können wir!

Das fängt schon damit an, dass die vorgestellten kleinen und großen »Revolutionen« ganz offensichtlich auf sehr unterschiedlichen Ebenen stattgefunden haben und stattfinden. Es ist nämlich keineswegs so, dass jeder

Weltveränderer sofort die gesamte Ordnung seiner Zeit auf den Kopf gestellt hätte. Das haben sogar nur die wenigsten geschafft. Diese Beobachtung mag ernüchtern, sie ist aber zugleich tröstlich: Nicht einmal Jesus hat zu Lebzeiten in der Gesellschaft Israels erkennbare Spuren hinterlassen. Und er ist trotzdem ein Weltveränderer!

Schauen wir uns diese Varianten der Veränderung noch einmal genauer an!

1. Veränderung der Wirklichkeit

Manchmal gibt es sie wahrhaftig, Menschen, die konkret und greifbar die Wirklichkeit umgestalten: Ohne Mahatma Gandhi hätte sich Indien kaum so schnell von der britischen Kolonialherrschaft befreit, ohne Martin Luther King hätte die juristische Gleichstellung von Schwarzen und Weißen noch viele Jahre auf sich warten lassen, und ohne Christian Führer wäre die Mauer zwischen den beiden deutschen Staaten höchstwahrscheinlich nicht schon 1989 und vor allem nicht so friedlich gefallen. In all diesen Fällen haben Millionen Menschen durch das beherzte Handeln Einzelner (und natürlich durch die von ihnen geprägten Bewegungen) einen unermesslichen Gewinn an Lebensqualität erfahren. Das ist großartig – aber die Ausnahme.

2. Veränderung des Denkens

Viel öfter finden wir Weltveränderer, die zwar nicht unmittelbar die Realität erneuern, aber das Denken. Und dieses veränderte Denken sorgt dann, Schritt für Schritt, für eine Veränderung der Gesellschaft. Jesus hat in Israel nicht den politischen Umsturz herbeigeführt, den viele sich von ihm erhofften, aber 300 Jahre später wird das Römische Reich zu einem christlichen Staat. Warum? Weil (s)ein erneuertes Denken die Grundüberzeugungen der Menschen verändert hat. Oder wie Albert Schweitzer es einmal formuliert: »Gebete ändern nicht die Welt. Aber Gebete ändern Menschen, und Menschen ändern die Welt.« In diesem Sinne verändern auch Nadia Murad, Malala Yousafzai und Greta Thunberg die Gesellschaft: Sie sorgen dafür, dass wir bestimmten Fragen nicht mehr ausweichen können. Und das hat Konsequenzen. Nicht immer sofort, aber zumindest langfristig. Und dann umso stärker. Zum Glück!

3. Veränderung der Haltung

Daneben treffen wir auf Menschen, die in erster Linie dadurch zu Weltveränderern werden, dass sie exemplarisch zeigen, wie ein Leben aussehen kann, das sich bestimmten unheilvollen Strukturen nicht beugt: Dietrich Bonhoeffer hat weder die Nazis besiegt noch für ein extremes Umdenken gesorgt – aber er ist bis heute für Millionen von Menschen eine Inspiration. Weil sein Verhalten in der Krise von einer Lebenseinstellung zeugt, von der auch andere zehren können: Es gibt eine innere Freiheit, Gelassenheit und Stärke, die alle Abgründe der Welt überwinden kann. Ähnliches gilt auch für den Dalai-Lama, der sich konsequent weigert, seine Gegner zu hassen, oder für Oskar Schindler, der durch eine waghalsige Tat Hunderte von Menschen vor dem Tod rettete. Sie alle machen Mut, sich immer neu dem Leben zuzuwenden.

Weltveränderung kann, muss aber nicht sofort zu politischen und sozialen Umwälzungen führen. Viel wahrscheinlicher ist es, dass sich neue Ideen langsam, aber stetig durchsetzen. Schon die Bibel verwendet für diesen fortschreitenden Prozess ein klassisches Bild: »Mit dem Reich Gottes ist es wie mit einem Sauerteig, der nach und nach das ganze Mehl durchdringt.« Sauerteig wurde in der Antike anstelle von Hefe verwendet und sorgte dafür, dass das Brot aufgeht. Einmal im Teig, durchdrang er diesen nach und nach komplett. Anders ausgedrückt: Ein lebensstiftendes Ideal, das in die Gesellschaft hineingegeben wird, wird sich durchsetzen. Zumindest wenn die Bäcker ein bisschen Geduld haben und den Teig regelmäßig durchkneten.

Apropos kneten: Durch alle in diesem Buch beschriebenen Veränderungsgeschichten zieht sich ein Gedanke wie ein roter Faden. Er lautet: Die schönsten Ideale bleiben abstrakt, wenn sie nicht gelebt werden. Ja, fast alle vorgestellten Persönlichkeiten werden nicht müde zu betonen, wie sehr es darauf ankommt, nicht nur zu reden, sondern aktiv zu werden. Offensichtlich geht es bei der Weltveränderung immer darum, Unzufriedenheit in konstruktive Taten zu verwandeln.

Man stelle sich mal vor: All die Energie, die spürbar wird, wenn Menschen sich an Stammtischen, in sozialen Netzwerken oder im Freundeskreis über das Elend dieser Welt »auskotzen«, würde fruchtbar gemacht. Aus negativer Energie würde positive Energie! Aus »Motzen« würde »Klotzen«! Ja, all diejenigen, die immer ganz genau wissen, was ihnen alles nicht gefällt, würden nicht länger herumlamentieren, sondern sich persönlich dafür einsetzen, dass die angeprangerten Verhältnisse besser werden. Und sie würden bei sich selbst anfangen. Das wäre ein wahrer Paradigmenwechsel, der die Gesellschaft gehörig »durchkneten« würde.

Die 25 ausgewählten Persönlichkeiten jedenfalls haben das getan: Sie haben ihren Ärger, ihre Not, ihre Verzweiflung zum Nährboden für einen produktiven Veränderungsprozess gemacht. Und das vor allem dadurch, dass sie sich nicht mehr auf das konzentriert haben, was sie *nicht* wollen, sondern auf das, *was* sie wollen. Weil es immer fruchtbarer ist, *für* etwas zu kämpfen als *gegen* etwas. Und weil man Gegner nicht überwindet, wenn man sie als das personifizierte Böse behandelt, sondern wenn man für sich erkennt, wie man »das Böse mit Gutem überwindet« (Paulus). Ein Umdenken – vom Hass zur Liebe, von der Abscheu zur Hoffnung, vom Feindbild zum Ideal und vom Dagegen zum Dafür – ist der erste Schritt.

Wie und ob daraus eine Weltveränderung entsteht? Nun, die Vielfalt der Geschichte zeigt, dass es dafür kein Geheimrezept gibt. Leider! Aber neben den vielen individuellen Facetten, die deutlich geworden sind, haben sich ein paar grundlegende Zutaten herauskristallisiert:

Wenn aus Unzufriedenheit ein Blick für neue Möglichkeiten erwächst und wenn dieser Blick Mut zum Handeln macht, dann kann aus einem individuellen Perspektivenwechsel – wie wir gesehen haben – schnell ein gesamtgesellschaftlicher werden. Kennzeichnend für echte Weltveränderer bleibt zudem ihre klare Identifikation mit ihren Idealen. Eine Identifikation, die mit sich bringt, dass die Idealisten das, was sie verkünden, auch persönlich umsetzen – nicht immer in perfekter Form, aber es ist kein Zufall, dass der Faktor »Authentizität« zu allen Zeiten als wesentliches Qualitätsmerkmal großer Persönlichkeiten erachtet wurde. Wenn uns jemand zeigt, dass ein anderes Leben tatsächlich möglich ist, dann lassen wir uns auch von ihm begeistern und mitreißen.

Dass Weltveränderer keine Scheu haben, mit ihren Zielen eins zu werden, hängt in erster Linie damit zusammen, dass diese Ziele (in ihrer Wahrnehmung) bedeutender sind als sie selbst. Es geht ihnen nicht darum, persönlich recht zu bekommen, sondern darum, dass sich das Ideal als solches durchsetzt. Einfach, weil es richtig ist. Weil der Traum so mitreißend ist, dass man ihm nicht widerstehen kann und will.

Hinter dieser Differenzierung verbergen sich zwei unterschiedliche Arten, die Welt wahrzunehmen: Es gibt diejenigen, die sich selbst für den Mittelpunkt des Universums halten, und diejenigen, die Menschheitsträume in den Mittelpunkt ihres Seins stellen. Zweitere halten sich verständlicherweise auch nicht für die Herren des Schicksals, sondern übernehmen gerne eine dienende Funktion. Ja, sie begreifen sich als Diener einer höheren Wahrheit – wie Mahatma Gandhi diese Erfahrung in seinem Konzept des »Festhaltens an der Wahrheit« zum Ausdruck bringt.

Die Vorstellung »Ich kämpfe für eine höhere Sache« führt aber keineswegs zu einer Abwertung der eigenen Existenz, im Gegenteil, sie wertet das Individuum auf, weil ein Mensch, der daran glauben kann, dass er für allgemeingültige Werte kämpft, sich ja als Teil von etwas viel Umfassenderem und Bedeutenderem wahrnimmt. Er schaut weit über den eigenen Tellerrand hinaus und ordnet sein Dasein in größere Zusammenhänge ein. Damit erlebt er sich als nützlichen und kostbaren Teil der Menschheitsgeschichte – und schon das ist grandios. Denn ganz gleich, ob jemand durch seine Haltung sofort messbare Veränderungen bewirkt oder nicht: Wenn er das eigene Dasein als Teil eines lebensstiftenden Veränderungsprozesses erkennt, dann hat diese Erfahrung vor allem eines zur Folge – sie erfüllt das Dasein mit Sinn. Und wer sein Leben als sinnvoll erfährt, der scheut sich auch nicht, sich leidenschaftlich und mit seiner ganzen Existenz für das Gute (zumindest für das als gut Erkannte) einzusetzen. Wenn nötig, sogar mit der Bereitschaft, dafür auch Opfer zu bringen oder sich in Gefahr zu begeben. Ganz einfach, weil die Ideale es wert sind! Konkret heißt das: Weltveränderer denken immer über sich hinaus. Und sie sind immer überzeugt, etwas Sinnvolles zu tun.

Was heißt das jetzt für uns? Lohnt es sich, eine »Karriere« als Weltveränderer anzustreben? O ja! Schon deshalb, weil nach wie vor die kluge Erkenntnis Albert Einsteins gilt: »Moralisches Handeln allein kann dem Leben Schönheit und Würde verleihen.« Oder wie er es an anderer Stelle ausdrückt: »Versuche nicht, ein erfolgreicher, sondern ein wertvoller Mensch zu werden.«

Was ist ein wertvoller Mensch? Nun, ein wertvoller Mensch ist sicherlich einer, der Werte hat, Werte lebt und (bleibende) Werte schafft. Mit anderen Worten: ein Weltveränderer! Und weil es bei Werten vor allem um Qualität und nur sehr bedingt um Quantität geht, dürfen wir uns als Angesprochene auch von der Vorstellung befreien, Weltveränderung gäbe es nur in großen Dimensionen. Das stimmt nicht! Jede und jeder von uns kann einen Unterschied machen.

Das heißt: Die Tatsache, dass die exemplarischen Lebensgeschichten der in diesem Buch vorgestellten Frauen und Männer weitreichende Folgen hatten und haben, schmälert keineswegs die millionenfachen Möglichkeiten der Veränderung in unseren eigenen Lebenswelten. Ohne die vielen kleinen Veränderungen, die tagtäglich überall auf der Erde stattfinden, wäre wohl auch keiner der hier geschilderten großen Würfe je zustande gekommen. Wie heißt es noch mal im Talmud? »Wer nur ein einziges Leben rettet, der rettet die ganze Welt.« Wenn das kein Ansporn ist!

Den eigenen Idealen nachspüren und sie auf ansteckende Weise (vor-)leben, das kann jede und jeder. So wie auch jede und jeder Leben retten kann. Weil »Lebensrettung« sich nicht unbedingt als Bewahrung vor dem Tod äußern muss. Auch das Überwinden von Angst, Verzweiflung, Not, Hoffnungslosigkeit, Trauer oder Leere kann die Existenz eines Menschen von Grund auf verändern – und ihn retten. Sprich: Leben retten fängt im Kleinen an und kann überall praktiziert werden.

Mit einer solchen Haltung kann und wird es dann höchstwahrscheinlich auch vorkommen, dass wir Teil eines deutlich weitreichenderen Erneuerungsprozesses werden. Oder wie Martin Luther King es einmal ausgedrückt hat: »Eines Tages steht eine große Gelegenheit vor einem und ruft einen, aufzustehen und sich einzusetzen für ein großes Prinzip, ein großes Anliegen, eine große Sache.«

Vielleicht ist das dann unser ganz persönlicher »Luther-Moment«. Ihrer und meiner.

Freuen Sie sich drauf!

Quellen

1 Reprinted by arrangement with the Heirs to the Estate of Martin Luther King Jr., c/o Writers House as agent for the proprietor New York, NY. Copyright © 1963 by Dr. Martin Luther King, Jr. Renewed © 1991 by Coretta Scott King.
Übersetzung: Norbert Lechleitner

2 Reprinted by arrangement with the Heirs to the Estate of Martin Luther King Jr., c/o Writers House as agent for the proprietor New York, NY. © 1983 by Coretta Scott King.
Übersetzung: Norbert Lechleitner

3 Nelson Mandela: Der lange Weg zur Freiheit. Autobiographie. In der Übersetzung von Günter Panske.
© 1994, S. Fischer Verlag Gmbh, Frankfurt am Main.

4 Franz Alt (Hrsg.): Der Appell des Dalai-Lama an die Welt. Benevento Publishing, Elsbethen 2019.

5 Malala Yousafzai mit Christina Lamb: Ich bin Malala. Droemer, München 2013.

6 Nadia Murad: Ich bin eure Stimme: Das Mädchen, das dem Islamischen Staat entkam und gegen Gewalt und Versklavung kämpft. Knaur, München 2017.

7 Greta Thunberg: Ich will, dass ihr in Panik geratet. Meine Reden zum Klimaschutz © 2019, S. Fischer Verlag Gmbh, Frankfurt am Main.

Die Bibelverse Johannes 18,36 (S. 159), Johannes 18,38 (S. 160), Matthäus 5,44 (S. 162), Johannes 8,12 (S. 163), Matthäus 5,14 (S. 163) sind entnommen aus: Lutherbibel, revidiert 2017, © 2016 Deutsche Bibelgesellschaft, Stuttgart.

Bildnachweis: **Shutterstock** S. 18 Australier / S. 50, 152 Uncle Leo / S. 58 Sahroe / S. 98 mark designers / S. 106 TPYXA_ILLUSTRATION / S. 114 Hamdi Ujeb Addakhil / S. 144 sewonboy / S. 158 Solomnikov / S. 190 john dory / **picture alliance** S. 26, 34, 136 akg-images / S. 42 IBL Schweden / S. 66 Selva/Leemage / S. 74 Everett Collection / CSU Archives / S. 82 dpa / S. 90 ZB / Waltraud Grubitzsch / S. 120 United Archives / WHA / S. 128 REUTERS / S. 166 akg-images / Stefan Diller / S. 174 EXPA / APA / picturedesk.com / S. 182 AP Photo / Francois Mori / S. 198 REUTERS / ANDREW BURTON / S. 206 CPA Media Co. Ltd // Alle bearbeitet von Maike Michel

Über den Autor

Fabian Vogt ist Schriftsteller und Künstler. Wenn er nicht Romane, Kurzgeschichten oder unterhaltsame Sachbücher schreibt, inszeniert er Großveranstaltungen, steht als Musikkabarettist auf der Bühne (»Duo Camillo«) oder produziert Beiträge für den hessischen Kultsender hr3.

Für seinen Roman *Zurück* wurde der promovierte Theologe mit dem Deutschen Science Fiction Preis ausgezeichnet – außerdem hat er mehrere Kleinkunstauszeichnungen erhalten. Er lebt mit seiner Familie im idyllischen Vordertaunus.

Lesungen und Vorträge
Der Autor steht für Lesungen und als Redner mit seinem Erlebnisvortrag »Du kannst die Welt verändern!« zur Verfügung.

www.fabianvogt.de

Besuchen Sie uns im Internet:
www.bene-verlag.de

Aus Verantwortung für die Umwelt hat sich die Verlagsgruppe Droemer Knaur zu einer nachhaltigen Buchproduktion verpflichtet. Der bewusste Umgang mit unseren Ressourcen, der Schutz unseres Klimas und der Natur gehören zu unseren obersten Unternehmenszielen. Gemeinsam mit unseren Partnern und Lieferanten setzen wir uns für eine klimaneutrale Buchproduktion ein, die den Erwerb von Klimazertifikaten zur Kompensation des CO_2-Ausstoßes einschließt. Weitere Informationen finden Sie unter:
www.klimaneutralerverlag.de

FSC
www.fsc.org
MIX
Papier aus verantwortungsvollen Quellen
FSC® C083411

Ein Imprint der Verlagsgruppe Droemer Knaur GmbH & Co. KG, München

Lektorat: Nicolas Koch
Gestaltung und Satz: Maike Michel
Druck und Bindung: CPI books GmbH, Leck
Printed in Germany
ISBN 978-3-96340-153-4

5 4 3 2 1